主管单位：首都师范大学
主办单位：儿童与未来教育创新研究院

未来教育学刊

编辑部联系方式：wljy@cnu. edu. cn
编辑部网站：wljy.cnu. edu. cn
地　址：北京市海淀区首体南路白堆子甲 23 号院首师大东一区教学楼 308 室

未来教育学刊

顾明远题

首都师范大学　主管

儿童与未来教育创新研究院　主办

第一辑

社会科学文献出版社
SOCIAL SCIENCES ACADEMIC PRESS (CHINA)

儿童与未来教育创新研究院

儿童与未来教育创新研究院（Innovation Institute for Children and Future Education，IICFE，以下简称“研究院”），成立于2020年6月，挂靠在首都师范大学初等教育学院，由初等教育学院刘慧院长兼任院长，朱永海副教授担任副院长，官方网站：http：//wljy. cnu. edu. cn。

2020年12月，研究院由教育部学校规划建设发展中心与首都师范大学联合共建。研究院现设有学术专家指导委员会和工作委员会，12个研究室/中心，1个未来教育创新实训基地，并拥有“首都未来教育论坛”和“未来教育实践研究基地联盟”等品牌。原中国教育学会会长顾明远先生等近30名境内外知名专家和校长担任学术指导委员会荣誉主任委员或委员。研究院现有十多名专职研究人员和多名特聘研究员，主要围绕“儿童教育创新”和“未来教育创新”两大方向，按照孟繁华书记提出的“面向未来的教育，首先要立足当下的教育；通过推进儿童教育创新的研究，进而促进未来教育创新；并借助教育教学改革实践，转化为新时代教育新常态”的研究思路；依据杨志成副校长提出的未来教育“六个超越”和教育部学校规划建设发展中心邬国强副主任提出的“绿色学校创建行动”等为工作思路，强化理论研究，构建未来教育理论，引领未来教育发展；深化社会服务，推进基础教育改革，打造实践研究基地；反哺人才培养，明确基础学校需求，服务高校人才培养；建设教育智库，搭建儿童研究平台，打造教育创新品牌；从而实现立足首都，辐射全国，打造“首师未来教育联盟”，面向未来教育，推进教育现代化，服务教育强国战略。

目录
CONTENTS

未来教育信息技术

未来学校建设

寄　语

北京师范大学　顾明远

《未来教育学刊》是儿童与未来教育创新研究院创办的一本集刊，也是目前我所知的国内第一本以“未来教育”为主题的集刊，是未来教育研究与实践领域的重要探索。

儿童与未来教育创新研究院作为集刊的创办方，其研究领域体现出了三个关键词：儿童、未来教育、创新。我觉得这三个词联系在一起来看，未来是什么呢？未来是我们的儿童，即我们的儿童是未来，是我们的未来，是我们国家的未来，是我们民族的未来。我们的儿童要靠什么？靠我们的未来教育。未来的儿童是什么样的儿童呢？应该是创新的儿童。

党的十九届五中全会讲到我们要建立文化强国、教育强国、人才强国。习近平总书记一再强调，我们未来要以创新驱动来建设我们的社会主义。我们今天的教育站在“两个一百年”的交汇点，第一个“一百年”的任务我们已经完成了，现在开始进入第二个“一百年”。我们今天就是要为未来实现新的一百年奋斗目标培养人才，现在的在校儿童是完成第二个“一百年”以及中华民族伟大复兴的主力军，所以我们的教育要面向未来。当前我们的教育我觉得遇到了很大的挑战。第一个挑战就是人才培养的挑战。为了实现中华民族的伟大复兴，要培养创新型国家所需要的创新型人才。第二个挑战是国际上的挑战。我们现在遇到了百年未有之大变局，国际风云变幻，国际竞争日益激烈。我们要站在世界民族之林就只有创造，只有自力更生。现在的世界形势，民族主义、民粹主义有所抬头，情绪化的思潮也有所发展。在这样一个大形势下，我们要实现中华民族强国的目标。建成强国靠什么？靠人才，支持教育，所以面对世界大变局，我们要培养创新人才。第三个挑战是数字化、信息化时代的挑战。当前，数字化已经改变了我们的生产，也改变了我们的生活。数字化的时代也会改变我们的教育环境、教育生态、教育方式方法，甚至师生关系、家庭关系等。

现在大家都在讲未来教育是“人工智能+教育”的时代，但“人工智能+教育”怎么科学地应用到教学上，我觉得要解决三个大问题。第一个问题是要解决认识问题。“人工智能+教育”到底有哪些优势？这些优势我们是不是充分利用了？同时，这个“人工智能+教育”有没有风险？风险在哪里？怎么科学地运用？“人工智能+教育”是不是否定了传统的教育？跟传统教育怎么融合？这是一个认识的问题。第二个问题是我们的软硬件要加强的问题。硬件方面，当然现在全国基本上达到了，但还有很多地方达不到，有些地方信息化还没普及。软件方面更是问题比较多、更欠缺。应用到学校里的软件资源有多少？这都是我们需要研究的问题。第三个问题是如何培养儿童创新思维、创新能力的问题，这也是需要思考的问题。我们要办好每一所学校，教好每一个学生，其中我一再强调“要上好每一节课”，课堂教育应该还是主渠道，要研究课堂教学时应该怎样应用信息技术，怎么改变我们的教育教学方法。习近平总书记在2020年教师节提出，要让我们的教师探索新时代新的教学方法，新的培养人才的模式。信息化时代，教师还是关键，学校不可或缺，新冠肺炎疫情期间居家学习推进了我们的信息化，但是如果没有老师的指导，可能质量就不能保证，而教师水平是我们提高教育质量的关键。上好每一节课，什么叫好课？我觉得好课就是要培养学生的创造性思维，如果这个课只讲知识不讲思维，那么这就还是过去老的传统的课，今后我们的未来教育就应该是创新的教育，未来的教育就是要培养学生创新的思维。教师工作的本质，简单地说，就是培养学生的思维，思维可以改变世界，所以我觉得我们要在儿童、未来、创新这三个关键词上做文章。

在新的时代背景下，《未来教育学刊》也要围绕国家教育改革热点，解决现实问题。近两年，国家出台了一系列“提高义务教育质量”和“教育评价”等的相关方案，最近又出台了“强师计划”，对基础教育影响最大的是“双减”政策。这一切都是为了贯彻党的十九大以来历次中央全会精神和全国教育会议精神，就是要做到“五育”并举，培养全面发展的人才。在新的形势下，义务教育阶段面临多重挑战，要解决的现实问题包括诸如

“双减”背景之下，怎么提高教育质量，以及在当前疫情管控情况下，怎么提高线上学习质量。新冠肺炎病毒的蔓延，已经有两年多的时间了，学生在线上学习，老师在线上教学，虽然遇到了很多困难，但是也取得了很多经验。近年来，包括教育部成立虚拟教研室和儿童与未来教育创新研究院挂靠的初等教育学院承担的小学教育专业虚拟教研室的建设工作，也都是进一步利用先进的信息技术来深化教育改革，提高教育质量，在这些教育改革中应做好三方面的工作，《未来教育学刊》也要多加关注。

第一，转变教师的教育观念。要以学生为主体，以学生为本，一切从学生出发。过去线下教学的时候，往往是老师讲解，学生学习；老师讲得很好，但是学生学到多少还是一个问题。那么今天在虚拟世界里、在线上学习，我们就更难想象学生到底学到多少。为了提高教育质量，首先要让学生自己学习，特别是线上的学习，更是学生自己一个人的学习。这就要求我们把过去以教为主转变为以学为主，考虑学生在线上、在虚拟的世界里怎么学习。虚拟课堂实际上是一个现实的课堂，是顺应的方式，它的内容是现实的，要让学生获得这个知识和技能。所以义务教育的改革一定要以学生为本，考虑学生的需要，让学生通过线上学习真正能够掌握好知识和技能。

第二，进行课程的整合。义务教育阶段新的课标出来后就要认真研究新课标的基本精神。我认为新的课标有很多亮点。首先就是教育中以人为本，以学生为本，着眼于学生的全面发展；不是以学科为本，不是以学科知识为本，而是以学生的发展为本。所以课程标准的要求要全面考虑课程育人的作用，立德树人是课程的最基本的要求。要认真研究新课标的特点，结合整个课程改变过去传授知识碎片化的情况，要把最基本的学科核心的概念、体系的逻辑、整个学科的体系以及学科之间的联系和关系都要考虑好，培养学生的整体素质和核心素养。

第三，师范院校对教育改革、提高教育质量有义不容辞的责任。师范院校要认真研究教育发展的规律，以及在当前“双减”和线上学习的背景下，教学怎么开展。教师要在知识体系和学科体系方面认真学习新的课标精神。提高教师育人的能力，教师要把最核心的东西、让学生能够掌握的东西凸显出来，同时也要研究线上学生学习的思想、心理、状态。

我们的教育任重道远，我们要通过教学改革，真正做到“五育”并举，让学生有兴趣地、生动活泼地、主动地学习，真正把他们培养成为德智体美劳全面发展的社会主义建设者和接班人。

（注：本文系顾明远先生在“儿童与未来教育创新研究院成立仪式”和“教育部小学教育专业虚拟教研室建设启动大会”上致辞录音转换成文字的融合版本，经顾先生确认后刊发。）

特　稿

百年未有之大变局下世界教育变革与中国教育机遇

杨志成

【摘要】 当今世界正在经历百年未有之大变局。教育是人类发展的重要基础，是社会发展的动力源和坐标尺。教育之大变局总是与世界之大变局相伴而生，是世界大变局的内在基础和重要标志。信息革命带来的技术变革和全球治理体系社会变革是百年未有之大变局下世界教育变革的战略背景和产生缘由。超越现代教育哲学本质和实践范式是世界教育变革的本质特征。中国教育要紧紧把握世界教育变革的战略机遇，坚定中国教育的道路自信、理论自信、制度自信和文化自信，以习近平总书记关于教育的重要论述为指导，努力构建引领世界教育变革的中国方案。

【关键词】 百年未有之大变局　世界教育变革　未来教育

【作者简介】 杨志成，首都师范大学党委副书记、研究员（北京 100048）。

2017 年 12 月，习近平总书记在接见回国参加 2017 年度驻外使节工作会议的全体使节时发表重要讲话指出，“放眼世界，我们面对的是百年未有之大变局”。这是关于世界发展大势的重要战略判断，也是我国布局各项事业的重要战略坐标。教育是人类发展的重要基础，是社会发展的动力源和坐标尺。教育之大变局总是与世界之大变局相伴而生，是世界大变局的内在基础和重要标志之一。深入分析世界教育变革的背景原因、本质特征、主要趋势，对准确把握新时代我国教育的发展背景，科学确定教育的战略目标、战略重点、战略任务、战略定力、战略进程具有重要的意义。这也是丰富和发展世界百年未有之大变局战略理论的需要，对推进教育现代化、构建高质量教育体系、建设教育强国，具有重要的理论价值。中国教育要把握战略机遇，构建引领世界教育变革的中国方案。

一　世界教育变革的战略背景

“纵观世界文明史，人类先后经历了农业革命、工业革命、信息革命。每一次产业技术革命，都给人类生产生活带来巨大而深刻的影响。”[1]人类每一次产业技术革命都会与教育发展变革相伴相随、相辅相成。农业革命与古代教育相伴，古代教育推动农耕文明的发展；工业革命与近现代教育相伴，现代教育促进工业文明迅猛发展；信息革命时代，必将有一种新的教育范式相伴产生。教育作为国家先导性、基础性、全局性的战略资源和战略手段，正在世界百年未有之大变局中面临新的价值转型和方式变革。

（一）信息革命是推动百年未有之大变局下世界教育变革的技术背景

世界近现代教育开启于17世纪初期，人类科学进步和思想解放在很大程度上引发了人们对教育变革的探索。这种探索逐步形成教育理论与实践的突破性发展。比如，在1632年发表的《大教学论》《泛智学校》《母育学校》等著作中，捷克教育家夸美纽斯阐释了“泛智教育”思想，提出了“把一切的知识教给一切的人”的核心教育理念和教育目标，由此创建了现代班级授课制教学组织体系、分科教学课程体系、现代学校和现代学制体系，开启了现代教育时代。近400年来，各种教育理论和实践体系层出不穷，但人类教育的基本形态都没有超越“泛智教育”范式，“知识本位”仍贯穿人类教育发展史。

伴随20世纪后半叶信息革命时代的到来，基于知识本位的“泛智教育”面临着一次史无前例的颠覆性挑战。互联网、大数据、云计算、人工智能的出现，带来了“知识爆炸”的迅猛扩张，人类面临着一系列关于知识学习的挑战。首先，海量知识信息的扩增使“把一切的知识教给一切的人”这个基本假设不再成立。其次，知识迭代加快超越学校教学内容，课程编制和教材开发模式面临实践性挑战。另外，人工智能的深度学习超越人类现代学习方式，现代学校和现代学制面临制度性挑战。信息革命推动了教育变革的进程，这是世界教育变革的技术背景。

（二）全球治理体系和国际秩序变革加速是推进世界教育变革的社会背景

世界多极化、经济全球化、社会信息化、文化多样化正成为全球治理体系和国际秩序加速变革的主要特征。一方面，新兴市场国家和发展中国家快速崛起，国际力量对比更趋均衡，世界各国人民的命运从未像今天这样紧紧相连。另一方面，世界面临的不稳定性、不确定性突出，世界经济增长乏力，贸易保护主义、孤立主义、民粹主义等思潮不断抬头，贫富分化日益严重，地区热点问题此起彼伏，恐怖主义、网络安全、重大传染性疾病、气候变化等非传统安全威胁持续蔓延。[2]世界政治多极化发展带来新的利益冲突和秩序调整，局部战争不断发生；世界经济全球化发展，产业链条让世界紧密联系在一起，国与国、人与人的相互依存从来没有如此紧密，人类已经成为一个命运共同体；社会信息化让世界信息交流变得便捷通畅，24 小时的即时互联交流，让世界成为一个地球村；世界文化多样化在互融互通中包容发展，世界因交流而精彩。当今世界正在经历前所未有的治理体系和国际秩序的变革调整，这些变革最终都通过各国教育制度的调整，传递到教育改革的目标、任务、策略、方法的变革中。联合国教科文组织提出了“学会生存”等未来教育目标，经济合作与发展组织（Organisation for Economic Co-operation and Development，OECD）启动“素养遴选项目”，提出了面向未来教育的“学生发展核心素养”体系。全球治理的大变革正是世界教育变革的社会背景。

二　世界教育变革的本质分析与主要特征

每一种教育形态都有其本质特征。把握世界教育发展大势，就是要把握百年未有之大变局下世界教育变革的本质特征，为做好国家教育发展战略规划奠定基础。纵观人类教育和学习的时间简史，人类经历了从传统教育到现代教育的转变，今天正在经历从现代教育向未来教育的跨越，世界教育迎来了百年未有之大变局。这种变局提醒人类必须变革学习和教育方式，建立一种超越现代教育范式的“未来教育”范式。未来教育作为世界教育变革的标志，具有其本质的相对性，是教育学意义上的本质超越和实践变革。

（一）超越现代教育哲学本质，是世界教育变革的本质特征

现代教育的哲学本质是基于夸美纽斯提出的“泛智教育”所构建的“知识本位”教育及其学习体系，其基本假设是：“把一切的知识教给一切的人。”而这种假设正在被信息革命带来的技术发展所颠覆。我们知道，世界教育正在发生的这场百年未有之大变局，虽然有着复杂的表现和未知的趋势，但其根本的变革动力来源于三个方面。第一，“知识爆炸”带来了海量新知识。按照现代教育班级授课的模式，这些爆炸的海量知识无法通过学校教育学完。这成为世界教育变革的第一推动力。第二，由于知识更新太快，学完后的知识和技术很快面临淘汰，这种仅仅依据前人编制教材和课程大纲的学习方式也不能适应互联网时代的要求。教材编写的滞后性与知识和技术发展的超前性与颠覆性产生矛盾，这是造成世界教育百年未有之大变局的又一推动力。第三，人工智能的深度学习能力已经开始超越了人的学习能力，因此按照现代教育知识本位的目标和方式学习，人类将无法超越人工智能的深度学习，这意味着人类的教育和学习模式将被人工智能所淘汰。这是世界教育百年未有之大变局的又一推动力。这三大推动力颠覆的正是现代教育的哲学本质，即“泛智教育”的“知识本位”。在这种背景下，人类必须做出对教育目标的本质选择，这就是必须超越“知识本位”的教育。

20 世纪 90 年代以来，世界范围的教育变革最为重要的成果，就是探索新的教育哲学和教育目标方向。其中一个重要的代表成果，即由经济合作与发展组织开启的——人的素养遴选项目。该组织于 1997 年提出了人的核心素养模型。此模型从人能互动使用工具、能与不同社会文化互动、能自主行动三个维度，提出了核心素养体系，[3]经济合作与发展组织提出的核心素养模型的最大特征是围绕人的发展研究教育目标，并从人与工具的能力、人与社会的能力、人与自我的能力三个维度，构建人的核心素养体系，核心素养体系构建了面向未来的教育目标。教育的核心目标不再只是“知识传授”，而且还超越“知识本位”的教育目标，转向“人的发展”“人的核心素养”的发展目标。这意味着，教育的目标已经超越“知识本位”，转向“人本位”“人的发展本位”。这也意味着，经历了 400 年的发展，教育哲学本体

从功利的“知识和技能”工具本位，回归“人的发展”的生命本位，回到教育的根本价值。[4]这个教育哲学回归过程，实现了人类教育本质的超越，世界教育由此走向新的百年未有之大变局。

（二）超越现代教育的实践范式，是世界教育变革的实践特征

教育实践范式变革是世界教育变革的外在表达。其主要特征是超越现代教育一般的实践方式，逐步构建形成全新的具有未来教育特征的教育范式，实现对现代教育实践体系的超越。

17世纪伊始，世界开启面向现代教育的实践方式。其中，最为著名的实践概念是班级授课制。与之相匹配，现代教育形成了现代学校、现代学制、专业教师、依据教材、分科教学的主要特征。这些特征体现了教育组织的集约化、专业化、系统化、标准化等特性。现代教育的基本范式带来了世界教育繁荣发展的时代，实现了教育规模的扩增，促进了知识和技术的快速发展，尤其是通过课程设置和教材编制，提升了教学效率。学生在学校教室中接受教师依据课程大纲和教材内容传递知识，并通过学期和学年考试，评价学生学习效果，逐步升入高年级。周而复始，经历十几年的班级授课和教室学习，完成学业，进入社会工作岗位。这种现代教育的常态范式，正在深刻地影响着人们对现代教育和学习的认知。

21世纪以来，随着互联网、大数据、云计算、区块链、人工智能等新技术的诞生，教育和学习方式开始转变。关于世界教育变革的未来教育实践形态应该是什么样态，还处于仁者见仁、智者见智的状态，并未形成统一的未来教育实践形态。但有一点可以肯定，就是未来教育实践方式要超越现代教育的基本实践特征。互联网带给人们的新的“泛在学习”方式将超越现代教育的“班级授课”，形成“未来深度学习”方式；互联网平台建立的虚拟社区将成为超越“现代学校”围墙的另一个“未来学校”；学习者基于发展需求的自主学习将超越“现代学制”的束缚，实现真正意义上的“未来终生学习方式”，学习将是未来人类生存和生活的一种常态方式；学习者和学习资源提供者的在线交互，将超越现代教育“分科课程”和“依据教材”的特征，实现学习内容的个性化服务及学习资源的定制化支持。总之，世界教育变革将在超越校园束缚、超越班级授课、超越学科边界、超越教材资源、超越专业教师授课、超越现代学制中实现面向未来教育实践范式的转

型，这是未来教育超越现代教育的基本方法论特征。[5] 未来教育，正在从“泛在学习”超越“泛智教育”中实现独特的未来教育价值，助力人类实现新的发展。

三　把握世界教育变革的历史机遇

习近平总书记指出，“教育决定着人类的今天，也决定着人类的未来。”[6] 沿着教育变革的时间简史，翻开人类文明的源头，人类在一次次教育学的超越中走到今天、走向未来。发展进入新时代的中国，恰逢百年未有之大变局下世界教育变革，这是中国教育重要发展机遇。当代，中国教育必须以高度的使命感和责任感，把握机遇、用好机遇。

（一）把握世界教育变革的历史机遇是中国教育的历史责任

人类从古希腊、古中国、古印度、古巴比伦的古代文明中走来，人类的教育也从那个时代具有制度雏形的“古典教育”出发，逐步走到“传统教育”阶段；经历文艺复兴的洗礼，人类找到超越“传统教育”的“现代教育”制度，并将人类带入快速发展的现代文明阶段。教育总是以其先导性、基础性和全局性的作用对人类的发展起到预示的功能。如 1167 年，英格兰诞生了英文世界的第一所大学——牛津大学，从此开启了英国高等教育辉煌发展的时代，奠定了英国逐步强盛的基础。再如，19 世纪中叶，由于技术发展的需要，德国和美国先后建立大学本科后的研究生教育体系，从而引领并推进科学技术及人文社会科学的发展。明治维新后，日本全面学习欧洲的教育体系，迅速发展成为亚洲强国。

中国屈辱的近现代史也可以说是教育体系落后带来民族和国家全面落后的反映。17 世纪至 19 世纪的 300 余年间，当欧洲开始逐步启动并全面实施现代教育体系的时候，封建的旧中国尚未意识到教育范式的落后即将带来的沉痛代价。从 1840 年开始，西方列强在先进教育带来先进科学技术的基础上，用坚船利炮逐步打开中国的大门。仅仅在半个世纪的时间里，一个东方大国就沦落为半殖民地半封建国家。教育落后带来的影响在 20 世纪又持续了近半个世纪，中华民族几乎到亡国的边缘。可以说，教育范式的落后，是中国近现代百年屈辱的重要原因之一。

中国20世纪的崛起缘于教育变革的先行。1898年，清朝政府实施了短暂的改良变法，即“戊戌变法”。“戊戌变法”虽然以失败告终，但留下的重要成果是成立了引进现代教育制度的京师大学堂，并以此为基础在全国范围推行现代学制，改书院为学堂。京师大学堂可以说是中国现代教育启蒙时期的标志。其后，民国政府继续推行现代教育。1912年，蔡元培撰文《对新教育之意见》，提出了现代教育育人目标。[7]清末和民国的现代教育启蒙为中国新民主主义革命培养了大批优秀人才，他们成为推翻“三座大山”、打败侵略者、领导中华民族走向新中国的中坚力量。中华人民共和国成立以后，中国共产党以中国特色现代教育方针引领教育发展，仅用了半个世纪时间，构建了中国特色现代教育体系，完成了在世界人口最多的国家全面普及义务教育的任务，为中国特色社会主义建设提供了充分的人力资源支持。可以说，整个20世纪中国教育都是在奋力追赶现代教育。今天，中国已进入世界先进的现代教育国家行列。

历史告诉我们，教育思想和实践范式的落后必将带来国家的整体落后。历史提醒我们，当世界教育再次进入百年未有之大变局的变革期，中国教育必须把握机遇，这是中国教育不可错过的历史机遇，是必须担当的历史责任。

（二）把握世界教育变革的历史机遇是中华民族伟大复兴的使命要求

在世界百年未有之大变局下，我们与世界各国站在同一起跑线上，中国教育迎来了服务中华民族伟大复兴的重要使命。党的十九大报告指出，“建设教育强国是中华民族伟大复兴的基础工程，必须把教育事业放在优先位置”。在全国教育大会上，习近平总书记指出，“要坚持把服务中华民族伟大复兴作为教育的重要使命”。这些论述既阐述了教育的基础性、先导性、全局性战略地位，也阐述了中国教育面临百年未有之大变局的战略使命和时代价值。

从基础性看，“时代越是向前，知识和人才的重要性就愈发突出，教育的地位和作用就愈发凸显”。[8]要实现“两个一百年”的奋斗目标和中华民族伟大复兴的中国梦，实现中华民族从“站起来”“富起来”，再到“强起来”的发展目标，关键在人，关键看教育。教育在中华民族伟大复兴的进程中发挥着重要的基础性作用，必须优先发展。要充分发挥教育的基础性贡献力，实现从"人口红利"向"人才红利"的历史跨越，从"人口大国"到"人力资源强国""人才强国"的转型。在此意义上，把握世界教育变革的战略机遇，优先发展教育，优先建成教育强国，是实现中华民族伟大复兴的重要基础性工程。

从先导性看，"2049"的人才就在今天的校园。从人力资源角度分析，到2049年，21世纪中叶，我们这个国家的主要建设者和接班人正在今天的校园中学习。2021年的小学一年级的学生，到2049年时大约36岁，小学六年级的学生到那时大约42岁，高三年级的学生到2049年大约48岁，而大学四年级的学生到2049年大约52岁。可以说，今天中国的教育决定了明天中国的社会，决定着第二个百年奋斗目标的实现，也决定着中华民族伟大复兴的战略全局。教育先导性的战略地位要求我们必须把握世界教育变革的历史契机，建设教育强国。这是中国教育发展的战略使命。

从全局性看，教育是国之大计、党之大计，是综合竞争力的重要基础。"教育是民族振兴、社会进步的重要基石，是功在当代、利在千秋的德政工程，对提高人民综合素质、促进人的全面发展、增强中华民族创新创造活力、实现中华民族伟大复兴具有决定性意义。"[9]实现中华民族伟大复兴，实现"两个一百年"的奋斗目标，需要强大的教育作为人力资源供给的基础。源源不断的人才资源是我国在激烈的国际竞争中的重要潜在力量和后发优势。

四　坚定中国教育的战略自信

面对百年未有之大变局下世界教育变革，中国与世界各国面临同样的机遇和挑战。这就要求我们，一方面，要紧密研究和跟随世界教育发展的前沿理论和实践趋势；另一方面，要加强自我优势和特色研究，坚定教育自信，走出中国特色教育强国之路。这是中国教育面对世界教育变革的战略定力和战略优势。

（一）坚定中国特色社会主义教育的道路自信，坚持社会主义办学方向

中国教育坚持中国特色社会主义道路自信就是坚持社会主义办学方向，

这体现了我国教育政策的价值取向和发展方向。习近平总书记在全国教育大会上指出，要全面贯彻党的教育方针，坚持马克思主义指导地位，坚持中国特色社会主义教育发展道路，坚持社会主义办学方向，立足基本国情，遵循教育规律，坚持改革创新，以凝聚人心、完善人格、开发人力、培育人才、造福人民为工作目标，培养德智体美劳全面发展的社会主义建设者和接班人，加快推进教育现代化、建设教育强国、办好人民满意的教育。[10]中国特色社会主义道路决定我国教育的价值取向是办公平而有质量的教育，做到教育机会公平、过程公平、结果公平，努力为人民提供满意的教育服务。坚持教育是国之大计、党之大计的定位，把立德树人作为根本任务，培养德智体美劳全面发展的社会主义的建设者和接班人。新时代党的教育方针是世界教育面向未来的价值立场，体现了尊重人、完善人、发展人、造福人、凝聚人的价值统一，体现了基于人的自由而全面发展的未来教育本质特征。可以说，坚持中国特色社会主义发展道路，就是面向世界教育变革的中国方案。

（二）坚定教育理论自信，坚持马克思主义指导地位

未来教育超越现代教育的本质特征是超越知识本位的现代教育育人目标，从关注知识学习到关注人的全面发展。而人的全面发展观正是马克思主义的重要观点。马克思从唯物史观的角度提出人的自然属性和社会属性的统一，指出“人的本质是一切社会关系的总和”。[11]“实现人的全面而自由的发展”是唯物史观所要达到的高级目标。习近平总书记在哲学社会科学工作座谈会上指出，马克思主义深刻揭示了自然界、人类社会、人类思维发展的普遍规律，为人类社会发展进步指明了方向；马克思主义坚持实现人民解放、维护人民利益的立场，以实现人的自由而全面的发展和全人类解放为己任，反映了人类对理想社会的美好憧憬；马克思主义揭示了事物的本质、内在联系及发展规律，是“伟大的认识工具”，是人们观察世界、分析问题的有力思想武器；马克思主义具有鲜明的实践品格，不仅致力于科学“解释世界”，而且致力于积极“改变世界”。[12]马克思关于教育内容和方法的论述对超越现代教育具有重要的理论价值。近年来，一些课程理论学者基于“实践哲学”——现象学观点提出的“理解课程”的理论体系，[13]正成为影响世界的未来课程理论。早在 1845 年，马克思撰写的《关于费尔巴哈的提纲》即开启了现代哲学史上“实践哲学”的新时代。[14]在一定意义上，唯

物史观也是一部未来教育哲学，具有未来教育理论的先进性。马克思辩证唯物主义是未来课程与教学论的哲学基础，也是未来教育学的重要基础。马克思主义关于教育目的、教育内容和教育方法的论述，对超越现代教育具有重要的理论价值。因此，坚持马克思主义指导，是我们坚定教育自信的理论基础。

习近平总书记关于教育的重要论述内涵丰富、博大精深，既根植于中华民族崇文重教的优良传统，又体现了中国特色社会主义进入新时代的鲜明特征，是马克思主义基本原理与中国教育实践相结合的重大理论成果，是习近平新时代中国特色社会主义思想的重要组成部分，为加快推进教育现代化、建设教育强国提供了强大思想武器和行动指南。[15]习近平总书记关于教育的重要论述，是当代中国的马克思主义教育学，是 21 世纪的马克思主义教育理论。坚定理论自信，就是要深入学习和实践习近平总书记关于教育的重要论述，推进新时代中国特色社会主义教育理论发展新境界，为世界教育变革贡献中国智慧。

（三）坚定制度自信，全面构建教育现代化制度体系，实现教育治理体系和治理能力现代化

在 1999 年召开的改革开放以来第三次全国教育工作会议上，《中共中央国务院关于深化教育改革全面推进素质教育的决定》的颁布，标志着中国教育进入素质教育时代。此后 20 年，我国教育始终坚持素质教育主题不动摇。2017 年，党的十九大召开，习近平总书记在党的十九大报告中进一步强调，“要全面贯彻党的教育方针，落实立德树人根本任务，发展素质教育，推进教育公平”。这意味着，发展素质教育是我国面向未来教育的重要主题，是遵循未来教育本质的选择。2018 年，全国教育大会后，中共中央、国务院印发《中国教育现代化 2035》，这是对全国教育大会精神的全面落实，也是对未来 15 年国家教育发展的顶层设计。该文件提出了“大力推进教育理念、体系、制度、内容、方法、治理现代化”六大方面的顶层设计，这是新时代推进教育现代化、深化教育改革创新的总体设计，是新时代中国教育面对百年未有之大变局的教育制度应对，是全面贯彻落实习近平总书记关于教育的重要论述的路线图和时间表。2020 年，党的十九届五中全会提出《中共中央关于制定国民经济和社会发展第十四个五年规划和二〇三五

年远景目标的建议》，描绘了从“十四五”到“二〇三五”的宏伟蓝图。其中关于教育未来发展的目标是“建设高质量教育体系”和“建成教育强国”。这意味着，我国教育全面开启高质量发展，迈向教育强国的新阶段。中国特色社会主义教育制度体系立足百年未有之大变局的时代背景，体现世界教育变革的发展趋势，面向中华民族伟大复兴的战略全局，坚持目标导向和问题导向的有机统一，实现教育个体价值、家庭价值、经济价值、社会价值和政治价值多元统一的教育制度价值平衡体系，具有未来教育的制度先进性，体现了世界教育变革的中国方案和中国行动。

（四）坚定文化自信，扎根中国大地办教育

中国有坚定的道路自信、理论自信、制度自信，其本质是建立在五千多年文明传承基础上的文化自信。在中国办世界上最大规模的教育体系，必须有中国特色，同时吸收世界上先进的办学治学经验，遵循教育规律，扎根中国大地办教育。[16]中国古代很多经典教育思想仍然具有时代的先进性，如有教无类的价值取向、德育为先的教育目标、因材施教的教育原则、学思结合的教育方法、教学相长的师生关系等。我们要传承中华优秀传统教育文化，助力中国未来教育发展，让中国古老的教育智慧焕发出新时代的生命光辉。

从现在到21世纪中叶，是中国把握世界百年未有之大变局的历史机遇期，是实现中华民族伟大复兴的关键时期。同时，也是中国教育把握世界教育百年未有之大变局，建设教育强国，实现教育现代化，形成具有中国特色、中国风格的未来教育中国方案、中国范式的关键时期。习近平总书记关于教育的重要论述为中国教育未来发展提供了理论指导和行动指南，是中国把握百年未有之大变局，面向未来教育的重要理论创新。要坚持以凝聚人心、完善人格、开发人力、培育人才、造福人民为工作目标，这是中国教育面向未来的教育价值选择，也是实现未来教育多元统筹的价值特色；要坚持立德树人作为教育的根本任务，努力培养德智体美劳全面发展的社会主义的建设者和接班人，这是中国教育未来的育人目标体系，也是实现现代教育向未来教育的哲学转型。

习近平总书记关于百年未有之大变局的阐述为我们把握中国教育新的发展机遇、本质、方向和方法提供了清晰判断。在习近平新时代中国特色社会主义

思想的统领下，中国教育一定能够把握百年未有的珍贵机遇，用中国智慧成就中国式教育强国，用教育强国为中国特色社会主义现代化强国奠基助力。

站在人类由现代教育走向未来教育的门槛，回首人类教育的千年历史，我们看到了人类走向未来教育的时间简史，看到了百年未有之大变局下世界教育变革的到来。辨析未来教育超越现代教育的本质与特征，我们找到了开启未来教育的密码和钥匙。中国教育面向未来的蓝图已经绘就，号角已经吹响。我们相信，在这次世界教育变革中，在走向未来教育的征程中，中国将为世界教育的未来发展提供中国方案，做出中国贡献。

参考文献

[1] 习近平：《在第二届世界互联网大会开幕式上的讲话》[N]，《人民日报》2015 年 12 月 17 日。

[2]《习近平谈治国理政》（第三卷）[M]，北京：外文出版社，2020，第 45 页。

[3] 辛涛、姜宁：《全球视域下学生核心素养模型建构》[J]，《人民教育》2015，第 9 页。

[4] 杨志成、柏维春：《教育价值分类研究》[J]，《教育研究》2013，第 10 页。

[5] 杨志成：《未来教育的时间与存在》[N]，《中国教育报》2017 年 6 月 28 日。

[6] 习近平：《致清华大学苏世民学者项目启动仪式的贺信》[N]，《人民日报》2013 年 4 月 22 日。

[7]《蔡元培教育论著选》[M]，北京：人民教育出版社，2011，第 1 页。

[8][16]《习近平在北京市八一学校考察时强调：全面贯彻落实党的教育方针　努力把我国基础教育越办越好》[N]，《人民日报》2016 年 9 月 10 日。

[9][10]《坚持中国特色社会主义教育发展道路　培养德智体美劳全面发展的社会主义建设者和接班人》[J]，《人民日报》2018 年 9 月 11 日。

[11][14]《马克思恩格斯选集》（第一卷）[M]，北京：人民出版社，2012，第 133~140、135 页。

[12] 习近平：《在哲学社会科学工作座谈会上的讲话》[N]，《人民日报》2016 年 5 月 19 日。

[13] 威廉·F. 派纳等：《理解课程：历史与当代课程话语研究导论》[M]，北京：教育科学出版社，2003，第 2~62 页。

[15] 孙春兰：《深入学习贯彻习近平总书记关于教育的重要论述，奋力开创新时代教育工作新局面》[J]，《福建教育》2018，第 43 页。

The World's Educational Reforms and China's Educational Opportunities Facing the Great Changes Unseen in a Century

Yang Zhicheng

Abstract In the world today, which is undergoing great changes unseen in a century, education serves as an important foundation for human development, as well as the power source and the coordinate of social development. The great change of education, always accompanied by the great changes of the world, is the inner foundation and the important symbol of the great changes of the world. The technological reform and the social change of the global governance system brought by the information revolution are the strategic background and the cause of the world's educational reform in the great changes unseen in a century, and the essential feature of the world's educational reform is the transcendence over the philosophical essence and the practice-oriented paradigms of modern education. China's education is supposed to firmly grasp the strategic opportunities of the world's educational reform, improve confidence in the path, theory, system and culture of China's education, and guided by the CPC Central Committee's eneral ecretary Xi Jinping's important expositions on education, strive to offer Chinese proposals leading the world's educational reform.

Keywords The Great Changes Unseen in a Century; The World's Educational Reforms; Future Education

Author Yang Zhicheng, Vice President and senior researcher of Capital Normal University (Beijing 100048)

（备注：此文原载《教育研究》2021 年第 3 期）

面向未来的教育发展规划与校园空间规划研究

邬国强　张　智　季卉慧　黄献明

【摘要】在实现中华民族伟大复兴中国梦的历史征程中，教育的发展、改革和创新始终居于重要的位置。本文在阐释新时代教育发展新任务的基础上，介绍了教育部学校规划建设发展中心在雄安新区、西咸新区、首师大未来实验学校三个面向未来的校园空间规划案例，并探讨如何构建面向未来的区域教育规划与校园空间规划之间的协同优化关系。

【关键词】教育发展　教育规划　校园空间规划

【作者简介】邬国强，教育部学校规划建设发展中心副主任。张智，教育部学校规划建设发展中心研究与数据处副处长。季卉慧，教育部学校规划建设发展中心研究与数据处高级主管。黄献明，清华大学建筑设计研究院有限公司协同创新中心主任。

一　新时代教育发展的新任务

进入新时代，我国教育发生重大变化，全面实现了“有学上”，正在朝“上好学”深刻变革。2021 年，我国教育不仅规模居世界第一，各级教育普及程度也达到或超过中高收入国家平均水平。其中，学前教育三年毛入园率达到 88.1%，义务教育在全面普及的基础上巩固率达到 95.4%，达到世界高收入国家平均水平；高中阶段教育毛入学率达到 91.4%，高等教育毛入学率达到57.8%，实现了从大众化到普及化的历史性跨越。同时，全国所有区县全部实现义务教育基本均衡，并建成了对“所有学段、所有学校、所有家庭经济困难学生”的资助政策体系，教育公平取得重大进展。党的十八大以来，高层次教育政策密集出台，教育改革发展的“四梁八柱”基本确立。[1]

党的十九大报告指出，中国特色社会主义进入新时代，我国社会主要矛盾已经转化为人民日益增长的美好生活需要和不平衡不充分的发展之间的矛盾。对教育领域而言，就是人民对美好教育的期盼和教育不平衡不充分发展之间的矛盾。《中华人民共和国国民经济和社会发展第十四个五年规划和2035年远景目标纲要》将“建设高质量教育体系”作为下一阶段加快推进教育现代化、建设教育强国、办好人民满意的教育的重要任务。党的二十大再次强调“加快建设高质量教育体系，发展素质教育，促进教育公平”。

根据中央的战略部署，教育部做出系列决策安排，密集出台相关政策文件，服务建设高质量教育体系。教育发展规划作为落实中央重大战略部署，统筹各类资源，确定教育发展目标的重要抓手，下一步对于推进区域教育高质量发展，落实好人民满意教育总要求，意义重大。我们认为，做好教育规划和学校建设，需要重点关注以下几个方面。

（一）坚持立德树人，服务青少年实现德智体美劳全面发展

2018年9月，习近平总书记在全国教育大会上指出：努力构建德智体美劳全面发展的教育体系。至此，“五育”并举，培养德智体美劳全面发展的社会主义建设者和接班人成为全体教育人的共同目标。“五育”并举它直指长期以来存在的“疏德”“偏智”“弱体”“抑美”“缺劳”等痼疾，是重建基础教育生态、回归教育原点、提升育人质量和全面实现教育现代化的必然要求和发展趋势。[2]随着我国教育普及水平已经跃上新台阶，未来需要在巩固普及水平基础之上，进一步加强立德树人，着重补创新精神不够、实践能力不足、与生产生活脱节的短板，努力为每一个学生提供高质量的基础教育。

众多研究共识认为，新时代的人才不仅要具备应对社会变革所需的知识，还要具备相应的道德涵养、身体素质、审美素养和动手能力等，而人的这些价值观、必备品格、关键能力的最终获得，都需要通过“五育”并举来实现。[3]“五育”并举是在全面发展的基础上追求各育间的“融合效应”，体现了一种整体融通式的要求。“五育”的主体不仅仅是教师，还应有其他

教育利益相关者——家长、社会和受教者本人等。“五育”的内容也不仅仅是德智体美劳背后的学科知识，更是蕴含其中的学科素养追求。[4]因此，在未来的教育创新改革发展中，无论是区域教育整体的发展，还是学校层面的具体实践，都需要将“五育”并举作为基本的“纲”来思考。

2022 年 3 月教育部发布的最新《义务教育课程方案》中，明确提出“要强化课程综合性和实践性，推动育人方式变革，着力发展学生核心素养”，并独立设置了劳动教育课程标准。研学实践、劳动教育等综合实践课程，在育人过程中扮演越来越重要的角色。综合实践活动作为必修课程，强调学生通过实践，增强探究和创新意识，形成综合运用知识的能力，培养学生的社会责任感。未来我国实践教育必将深入发展，成为培养综合型人才、创新型人才的重要一环。此外，国家高度重视学生肥胖、近视、心理健康等，多部委联合干预，集中力量解决儿童健康重点问题。教育的改革发展，无疑要坚持以人为本，育心、育德与育才结合，才能为培养德智体美劳全面发展的社会主义建设者和接班人提供有力支撑。

（二）加快落实教育数字化战略行动，推动教育改革创新

习近平总书记高度重视信息化建设和数字经济、数字中国建设和发展，多次阐述数字化、网络化、智能化在中国特色社会主义现代化建设中的重要意义。教育部党组书记、部长怀进鹏提出实施教育数字化战略行动，推动实现教育数字化转型，强调把教育信息化作为发展的战略制高点，以教育信息化推动教育高质量发展，以教育信息化引领教育现代化。

我国教育信息化自 21 世纪初开始起步，到目前已经取得了丰硕的成果。2018 年，教育部印发《教育信息化 2.0 行动计划》，2019 年，中共中央、国务院印发《中国教育现代化 2035》，中共中央办公厅、国务院办公厅印发《加快推进教育现代化实施方案（2018—2022 年）》。截至 2021 年底，全国中小学（含教学点）互联网接入率已经达到 100%，基础教育学校拥有多媒体教室达 99.5%，超过 400 万间，其中 87.2%的学校实现多媒体教学设备全覆盖，已经具备全面推进教育信息化的基础。当前，我们正处在技术创新不断涌现的时代，技术成为教育改革的重要创新力量和推动力量，学校已经处在形态变革的前夜。

在线教育的蓬勃发展为教育数字化提供了坚实基础。2022 年，教育部

已先后建设国家中小学智慧教育平台、国家职业教育智慧教育平台、国家高等教育智慧教育平台等面向各级各类教育的公共服务平台，这是教育数字化的重要成果。平台通过汇聚各类教育教学资源，为广大师生提供高质量的公益性服务，为应对疫情、落实“双减”提供了有力支撑。在线教育成为保障“停课不停学”的有力法宝，丰富的线上教育资源也为学生个性化成长提供了多样化选择。教育数字化转型将重塑教育组织的数字素养和能力结构。[5]未来学校要培养实现中华民族伟大复兴的先锋力量，尊重学习者的个性化、多样化发展，形成教育创新机制，深度融合人工智能、移动互联网、大数据、虚拟现实等先进技术，充分赋能学校数字化智能化场景创设，实现无边界学习。教育发展应积极促进教育与数字信息环境相适应，突出学生的主体地位，创新教学的方式方法，营造更加多样、更具活力的教育生态，构建更为完善的智慧化教学和学校管理平台，推进智慧校园建设，着力打造数字教育未来新空间、新图景。

（三）贯彻绿色发展，全面推进新型校园新型学校建设

倡导绿色发展、注重可持续发展是国际社会的共识和趋势。联合国《2030 年可持续发展议程》指出，确保所有学习者掌握可持续发展需要的知识和技能，开展可持续发展与可持续生活方式教育等。习近平生态文明思想为未来可持续发展提供了方向引领，教育领域贯彻的重点是在学校厚植绿色发展理念，建立生态文明教育工作长效机制。

我国绿色学校创建起步较早。早在 1996 年，国家环保局、中宣部、国家教委颁布的《全国环境宣传教育行动纲要（1996—2010 年）》就明确提出，从 2000 年起，在全国全面开展创建“绿色学校”的活动。2020 年，教育部办公厅与国家发展改革委办公厅联合印发《绿色学校创建行动方案》（教发厅函〔2020〕13 号），提出各地教育行政部门要深入践行绿色发展理念，建立生态文明教育工作长效机制，积极开展绿色学校创建行动。2022 年，“推进绿色低碳发展系统纳入国民教育体系”被纳入教育部年度工作要点，是教育系统贯彻落实新发展理念的重要体现。这意味着推行绿色教育，将成为推动新时代背景下促进教育可持续发展的新常态。

学校作为生态文明建设的重要阵地，肩负着普及绿色发展理念、提高人民的生态环保意识和有效参与能力、培养生态环保人才的重要任务。未来学

校更应重视绿色发展，在教育教学活动中要有机融入绿色发展、节能环保、生态安全等相关知识，加强学生生态文明教育，促进绿色发展理念及其生活方式的养成，努力让生态文明的理念深入人心。要充分调动广大师生积极性，通过组织开展各类绿色主题的宣传活动，对低碳出行、节水节电、爱惜粮食等行为发出倡议，带动家庭和社会共同践行绿色发展之路。在校园规划和建设中，要结合当地气候环境和校园文化等，合理规划空间布局，开展校园能源环境监测，建立健全校园后勤、运营的绿色管理制度，实现校园全生命周期的绿色运行管理。

（四）充分考虑学龄人口变化情况，做好教育资源配置的前瞻性布局

从“七普”人口数据来看，标志着劳动力由过剩转向短缺的“刘易斯拐点”已经到来，我国劳动力无限供给时代即将结束。“十四五”时期将是我国21世纪最后一个人口完全正向增长的发展规划期，“十五五”时期会迎来中国人口总量的“拐点”，教育发展即将进入“存量改革”时代。根据国家统计局发布的数据，2021年全年出生人口1062万人，同年全国高考报名人数1078万人，全国普通、职业本专科共招生1001.32万人。这意味着18年后即使高考招生规模保持不变，我国高等教育毛入学率也将超过95%。学生是教育资源配置的自变量，决定着学校数量等教育资源需求。从已有研究来看，总体上我国未来学龄人口规模大幅下降已成必然趋势，但具体到区域层面还存在较大差异。首先，未来我国农村学生规模将持续降低。2020年，我国常住人口城镇化率达到63.89%，基础教育阶段学生城镇化率已经达到81.67%，农村学校的综合利用将成为重要议题。其次，城市学生规模变化出现分化。未来我国基础教育阶段学龄人口总体下降，但随着人口流动的变化，局部还存在增量，增量将主要集中在超大、特大城市。加强对学龄人口规模变化趋势的分析，对于科学合理配置各类教育资源，提高资源使用效益，服务建设高质量教育体系具有重要的意义。因此，必须加强对学生规模的预测分析，按照供需结合、适当超前的原则，对教育资源布局进行科学合理规划与论证。

（五）完善学校建筑空间，与未来学校现代化建设相适应

建筑空间作为学校组织开展日常教育教学的物质载体，其功能空间组织形式对教育教学及师生行为、心理有着重大的影响。未来学校课程的特色化、多

样化、个性化发展，启发式、探究式、参与式、合作式等教学方式以及走班制、选课制等教学组织模式的推进，对学校空间的构建提出了新要求和新挑战。

首先，针对未来教育课程形式和内容的新要求，未来学校的教学空间需求发生了变化。一是安全、无障碍和包容的空间，为包括少儿在内的所有使用者提供安全、健康的环境。二是空间灵活调整，以快速适应课程的变化和不断发展的教育理论和实践以及信息技术发展的教学实践。三是可持续和环保的需要，结合绿色学校创建，尽量减少能源消耗以及管理和维护成本。

其次，教室以外校园公共空间的综合利用。传统的教育教学行为基本发生在教室之内，教室以外的校园公共空间的作用容易被忽视。而随着教育理念的发展，学生自主学习和研讨日渐受到重视，公共空间也被逐步纳入教学空间的范畴。有必要关注校园公共空间的特色化设计、微改造和综合利用，以实现教室空间的延续、班级或年级之间界限的突破、开展综合实践性教育教学活动等，最终实现提升特色课程对学生的吸引力和育人质量。

最后，学校空间设计要考虑强化学校与周边的互动关系。主要体现在两个方面：一是体现在与家长的互动上。学校空间设计应留有与家长互动的灵活场所，以利于家校协同的需要。二是体现在与社区的互动上。社区的图书馆、美术馆、博物馆等各种教育资源对学生能发挥潜移默化的影响，学校的运动场、体育馆、各种通用教室和专用教室、有关设施和设备也可以有序向社区开放，以形成学校与社区资源共享和教育合力。

二　区域教育规划与学校空间规划的实践探索

教育部学校规划建设发展中心作为教育部直属事业单位，以推进教育创新为使命，聚焦未来学校研究、新型校园建设，在面向未来的基础教育设施发展研究与校园空间规划方面形成了若干实践案例。下面，分别介绍教育部学校规划建设发展中心在雄安新区、西咸新区、首师大未来实验学校三个面向未来校园的空间规划案例，探讨如何构建面向未来的区域教育规划与校园空间规划之间的协同优化关系。

（一）雄安新区——智慧开放

设立雄安新区，是中共中央、国务院深入推进实施京津冀协同发展战略、积极稳妥有序疏解北京非首都功能作出的一项重大决策部署。雄安新区建设坚持世界眼光、国际标准、中国特色、高点定位，着力打造全国创新驱动发展的新引擎、贯彻新发展理念的示范区、京津冀区域新增长极、京津冀城市群的重要支点，着力打造世界级城市群的新样本。优质的教育资源和发达的教育体系本身即是新区高水平公共服务的重要内容。

2019 年，受雄安新区公共服务局委托，教育部学校规划建设发展中心组织开展了雄安新区基础教育服务设施（以下简称“雄安项目”）的相关研究。雄安项目主要明确基础教育服务设施分级、分类标准，以及各项基础教育服务设施的基本功能定位，指导构建全体系、全覆盖的基础教育服务设施，促进新区的可持续发展。为满足雄安新区基础教育发展的现实需要，构建培养德智体美劳全面发展的人才环境，雄安新区基础教育设施应主要突出智慧共享、开放人文的特色。

一是倡导智慧共享理念，强化基础教育设施信息化布局的顶层设计。雄安项目基于校园物联网和云中心架构，倡导将建筑构建成一个智慧综合体。校园智能化集成系统配置适应标准化信息集成平台的技术发展方向，形成与教育日常管理相关的信息采集、数据传输、分析处理的支撑能力，方便进行数据的实时处理、历史分析、可视化展示，满足信息化背景下移动应用、远程教学等灵活性需要，服务学校开展规范化、专业化、高效率的教育教学和管理。校园信息设施系统聚焦为校园空间和建筑内外相关的图像、语音等信息提供了接受、传输、处理、共享、查询等功能，融合校园智能化建设所需的信息设施，为管理者、教师和学生提供便捷的智能化应用基础条件。

二是坚持以学生为本，构建开放人文环境生态。由于传统观念中规整而固定的教学空间在适宜性上显示出越来越多的弊端，雄安项目坚持“以学生为中心”的理念，倡导合理采用装配式建造方式，根据学生规模情况和教学特点，学校的教室、实验室等建筑空间可以灵活变化，同时具备方便随时改造升级的优势，以更好适应未来创新教育理念下，不同形式教学活动对空间的不同需求。同时，在环境搭建中考虑学生的生理、心理特点及行为发展等因素，提倡设计丰富、多层次的校园环境功能空间，以满足师生多样化和个性化需求，服务学生德智体美劳全面发展。

校园智慧化体系总体架构见图 1。

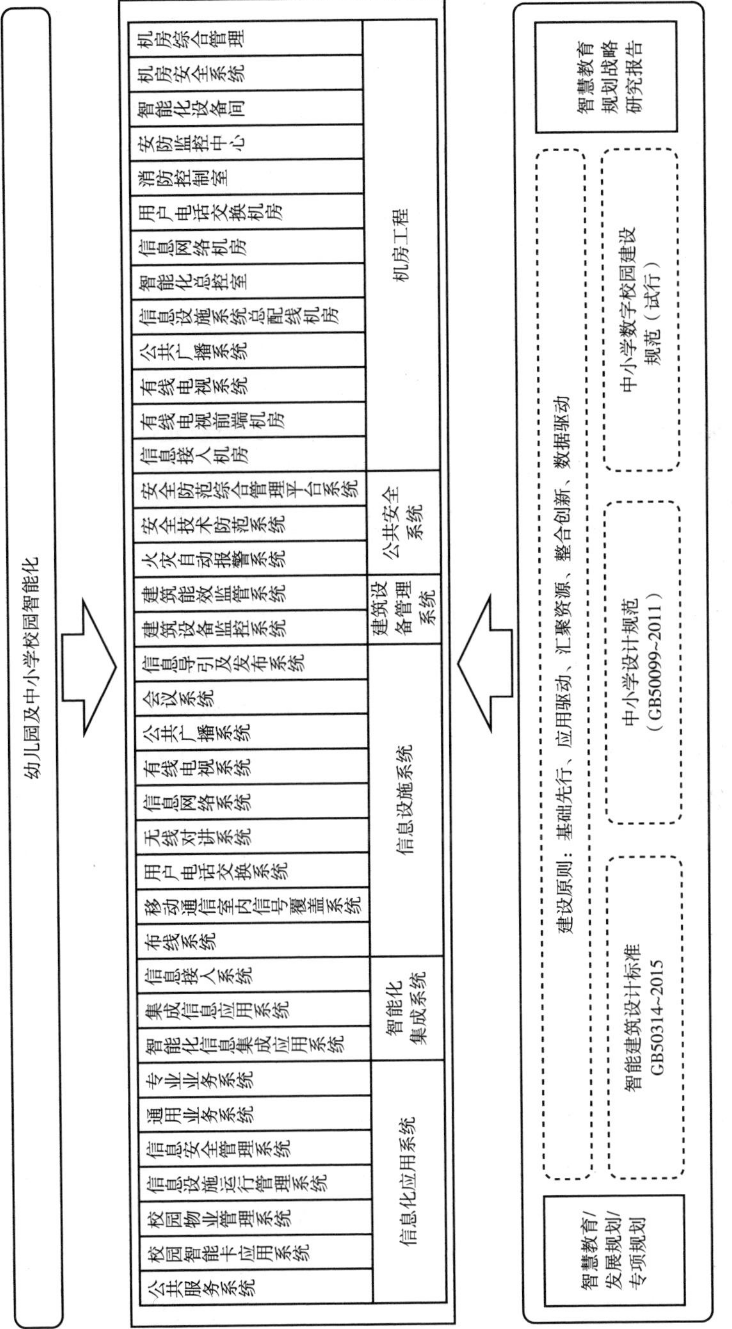

图 1　校园智慧化体系总体架构

（二）西咸新区——绿色低碳

2014 年 1 月，国务院正式批复陕西设立西咸新区。西咸新区定位为建设成为我国向西开放的重要枢纽、西部大开发的新引擎和中国特色新型城镇化的范例。作为全国首个以创新城市发展方式为主题的国家级新区，陕西西咸新区近年来在坚持绿色发展上走出了一条特色之路。

2018 年，西咸新区管委会委托教育部学校规划建设发展中心编制《西咸新区绿色校园规划建设技术导则》（以下简称“西咸项目”），指导西咸新区新建学校建设。我们尝试在梳理总结包括西咸新区各上位规划和《绿色校园评价标准》《绿色建筑评价标准》《绿色学校创建办法》等绿色学校建设的国家要求基础上，凝练、提出新区绿色校园规划建设关键性指标，并围绕该指标体系，形成《新区绿色学校规划建设技术导则》，为新区校园（包括新校园和既有校园）的规划建设提供系统性的理论与路径支撑。西咸项目技术路线见图 2。

一是贯彻绿色低碳理念，构建西咸新区绿色校园规划建设指标体系。根据《西咸新区总体规划（2016—2035）》《西咸新区规划建设品质标准（2019）》《西安市城乡规划管理技术规定》等上位规划和基于新标准的样本预评价测试，同时考虑新区自身的经济、文化和自然条件，从生态系统、功能布局、空间形态、景观环境、交通系统、能源资源等方面，构建形成包含“本地植被指数”“场地环境噪声达标率”“生均建设用地指标达标率”“绿色建筑比例”“无障碍设施达标率”“校园网覆盖率”等 33 个具体指标的《西咸新区绿色校园规划建设指标体系》。指标体系分为核心性指标和扩展性指标两类。其中核心性指标是绿色校园建设的门槛条件，具有约束性。扩展性指标深入反映了绿色校园的特征，具有一定的指导性，学校可根据自身的禀赋条件、发展目标、经济基础等因素，酌情选用。两类指标是建设绿色校园的基本要求，原则上均应达到。如个别扩展性指标由于特殊原因不能达到，经充分论证，可适当调整指标取值范围。

同时，西咸项目将《西咸新区绿色校园规划建设指标体系》所确定的关键性指标，结合《绿色建筑评价标准》《绿色校园评价标准》的相关要求，充分考虑未来幼儿园、中小学校、中等职业学校、特殊教育学校等建设最新理念和实际情况，在规划与景观设计、建筑设计、结构设计、暖通空调

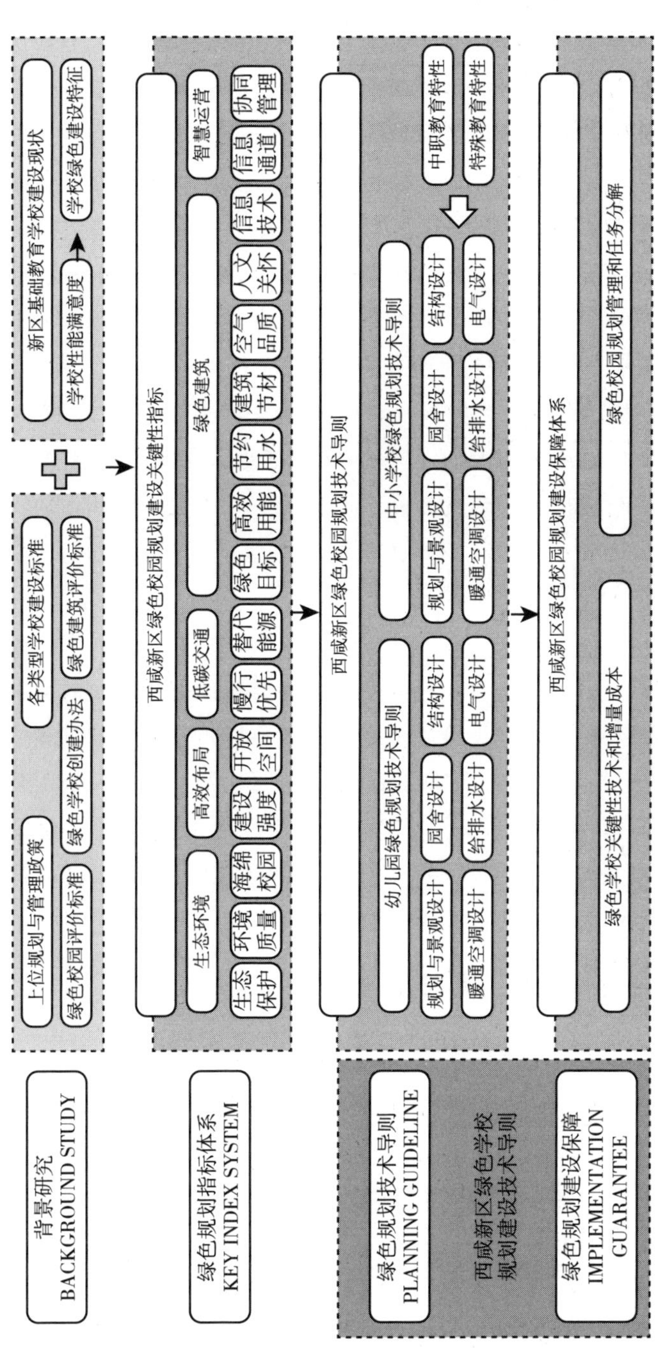
背景研究
BACKGROUND STUDY
上位规划与管理政策
各类型学校建设标准
绿色校园评价标准
绿色学校创建办法
绿色建筑评价标准
新区基础教育学校建设现状
学校性能满意度
学校绿色建设特征
绿色规划指标体系
KEY INDEX SYSTEM
西咸新区绿色校园规划建设关键性指标
生态环境
高效布局
低碳交通
绿色建筑
智慧运营
生态保护
环境质量
海绵校园
建设强度
开放空间
慢行优先
替代能源
绿色目标
高效用能
节约用水
建筑节材
空气品质
人文关怀
信息技术
信息通道
协同管理
绿色规划技术导则
PLANNING GUIDELINE
西咸新区绿色学校规划建设技术导则
西咸新区绿色校园规划技术导则
幼儿园绿色规划技术导则
规划与景观设计
园舍设计
结构设计
暖通空调设计
给排水设计
电气设计
中小学校绿色规划技术导则
规划与景观设计
园舍设计
结构设计
暖通空调设计
给排水设计
电气设计
中职教育特性
特殊教育特性
绿色规划建设保障
IMPLEMENTATION GUARANTEE
西咸新区绿色校园规划建设保障体系
绿色学校关键性技术和增量成本
绿色校园规划管理和任务分解

图 2 西咸项目技术路线

设计、给排水设计和电气设计等层面进行分解，形成针对 4 个不同类型学校的绿色规划技术导则，从而使基于管理和结果导向的绿色指标分解为行动策略，进而实现直接、有效指导西咸新区绿色学校规划建设的实施。

二是统筹兼顾各相关方，优化校园规划建设管理流程。绿色校园的规划建设是一项复杂的系统工程，涉及的管理团队、技术团队多样，仅依靠传统“接力棒”式单向度的线性建设管理流程，很难对复杂多样的建设指标要求做出准确回应，需要在一个较长的时间段，通过多部门的协同逐步完善和解决。为此，西咸项目也重点研究和优化校园规划建设的管理流程。

1. 改变原来单向度、线性的管理体系，通过植入“前策划”“后评估”两个节点，实现规划建设管理的闭环体系，在闭环管理中，实现管理效率的自我提升。

2. “前策划”主要关注绿色校园实践可能面临的挑战，并将绿色校园建设要求作为可行性研究报告的专篇，纳入新建学校立项审批的必要条件，同时从新区层面优先选择具有不同代表性的典型项目开展示范实践/试点实践，在实践中修正导则的技术要点。

3. “后评估”主要依托导则要求和绿色管理支撑技术体系，在数据收集和分析的基础上，优化自身运行效率，并将经验反馈给新区教育部门，整理后下发各新城及在规划建设管理节点中肩负不同审查职责的管理机构。

4. 应对校园建设主体——对相关方进行持续绿色培训，提高绿色价值认同度和技术把握精准度，并通过建立校园使用手册制度（由建设投资公司编制，并在项目交付时向校方移交），实现校园物质空间信息在建设阶段与使用阶段之间的无缝连接。

（三）首都师范大学未来实验学校——灵活融合

2021 年教育部学校规划建设发展中心围绕北京市房山区窦店新城组团教育发展情况，开展首都师范大学未来实验学校的改扩建（以下简称“首师大未来实验学校项目”）研究，该项目位于窦店组团高端制造业基地核心区，是房山科技创新发展轴上的重要节点。

根据北京城市总体规划赋予房山区“三区一节点”功能定位，房山将打造以生态为基础、以文化为引领、以科技创新为支撑、以国际交往为补充的“生态宜居示范区、科技金融创新城”。《北京市房山区“十四五”时期教育事业发展规划（2021—2025 年）》指出，首都教育现代化战略部署迫切需要房山教育对标跟进，房山区功能定位迫切需要教育提供有力支撑。新房山建设迫切需要教育公共服务能适应区域人口规模和结构变化，并为区域发展提供人才与智力的支持、文化涵养与弘扬的支撑。[6]要求“加快解决长阳、拱辰、窦店等入学压力突出地区学位缺口。充分提升现有学校学位承载力。支持学校整合校内空间资源，在保障教学质量和安全的前提下，通过各类教室复合利用增加学位数量，适当扩大班级容量”。基于此，首师大未来实验学校项目聚焦“灵活融合”，提出设计思路。

一是坚持高效利用原则，注重增加空间的灵活性。首师大未来实验学校项目充分考虑学生规模情况，按照最少教室数量、最大化活动空间要求，减少教室的分隔墙，增加教室与走廊的空间连接，并最大限度增加室内外空间，为学生创造出更多学习和活动的场地。原有的教室从单一性空间转向多元化空间，普通教室与办公区、游戏活动区等空间结合，在有限的场地内形成灵活多变的空间形式，将学生从固定的位置中解放出来，为多样化教学活动的实现提供可能。积极借助空间设计手法，营造开放灵活的空间布局，并赋予高品质的空间形态更多功能，让学生的小组讨论、师生交流、自主学习、游戏休闲等可以自由发生。

基于空间灵活性要求和优化共享空间的整体考虑，首师大未来实验学校还积极利用灰空间、室外空间等，既解决学校场地不足问题，又有利于创造更多体验式活动空间，方便学校组织开展多样的实践活动，为学生更多地亲身体验提供可能。建筑内部的交通流线，通过走廊、灰空间和交通的疏散，优化了中小学年级流线，实现积极地引导学生的行为和生活，避免出现流线交叉的现象。

二是坚持合理和谐原则，注重改扩建空间的新旧延续。首师大未来实验学校项目坚持合理利用原则，在原有校园场地内对校园环境进行再次规划设计，明确校园现有的建筑和教育设施的现状，充分挖掘并利用原有校园内外部设施环境，调整优化功能布局，协调教学区、办公区与运动场地之间的位置关系。坚持整体性原则，兼顾多维度的设计关系，强调将室内空间和室外场地进行系统化的整体考虑，使有限空间形成更加立体的环境体系。坚持和谐化原则，捋顺历史与现在的关系，空间环境设计顺应校园的总体布局，两者相互融合，最终形成北侧保留原有建筑轴线，新建教学院落组团，通过“空间体验中心”与“互联互动模块”联系原有教学组团，保留原有风雨操场、宿舍、食堂功能（见图3）。

面向未来——六个超越

超越现代教育哲学本质、超越班级、超越分科、超越学制、超越教室、超越校园

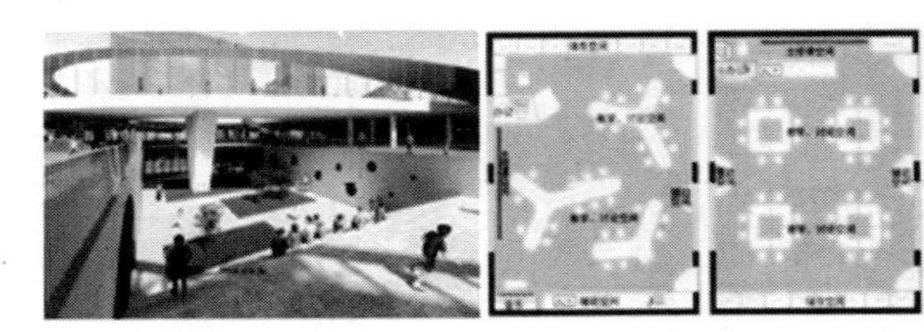

多元化教学探索

围绕乡村学校的本底我自，打造村城融合未来校园模式

教学建设与空间建设共进

空间建设不仅成为校史一部分，更成为教学的一部分

传承首师大附中的文体传统

以篮球、曲棍球为代表的体育特色

图3　首师大未来实验学校——改扩建策略

通过以上设计原则，提供未来学校的“融合”和“共育”的校园空间。通过“学习基座”、连续平面、层叠园地等建筑空间语言，将知识性教育、科学创造能力、生产劳作能力、艺术创造能力、终身发展、泛在学习、家校协同等教学内容和理念结合在一起，努力打造知识传承与创生应用一体的未来校园范式样本，进而实现“新学校体现上位规划要求和助力区域发展、新校园传承传统并适应新教学理念、新空间多维度首创北京未来校园范式样本、新建设确保新旧校区科学过渡与自然融合”的目标。

三　结语与建议

教育规划是一个国家或地区对未来一段时期各级各类教育的发展目标、规模、速度、结构、学校布局及其实现步骤等拟定的最优化安排，是教育事业发展的行动指南。[7]而学习者的成长和发展始终是未来学校设计、建设和创新的根本出发点。未来学校的价值，在于通过我们的努力，一步步接近理想教育的共识，包括以学习者为中心、全面发展、人人皆学、终身学习、因材施教、多样化成长、创新能力的获得，特别是面对人工智能的挑战培养学生的创造思维、人文思维、美学思维获得适应未来挑战的能力，成为德智体美劳全面发展的社会主义建设者和接班人。

要充分利用区域教育发展规划“承上”，对国家宏观教育发展方针和党中央教育发展战略进行贯彻落实，将建设高质量教育体系的具体任务进行拆解，结合经济、社会、人口、技术发展等情况，持续优化区域教育资源配置，形成区域内教育发展的具体举措；通过校园规划建设“启下”，结合区域教育发展规划的总体要求，在对区域教育发展内外部环境进行全面分析的基础上，形成针对学校实际情况的更为具体的布局、更易操作的落实路径。上下结合进而达到准确把握时代发展要求、明晰发展趋势、立足自身实际、切实服务建设中国特色社会主义现代化教育强国，办好人民满意教育的总体要求。

（一）构建多样教育生态，促进教育与数字信息环境相适应

未来学校是数字化和智能化时代的学校形态，随着未来学校的创新和演进，动力机制、场景、课程及技术的变革都将带来学校形态的变革，而所有这些变革都是围绕学习方式变革进行的。5G、互联网、虚拟现实技术、大

数据、人工智能等技术的不断成熟及在教育领域的应用，使未来学校要以创新为驱动力，适应新的教学理念，探索创新教师教育方法，突破三维空间对教学场景的限制，打破学校学习边界，重构课程体系及评价方式，从而实现学习方式变革的目标。未来学校的形态变革将促进学习方式的变革，创造新的学习方式，同时使学习方式更有价值。

同时也需要认识到，教育数字化不仅是教育改革发展的机遇，也是重大挑战。教育部党组成员、副部长钟登华在 2021 年 11 月联合国教科文组织与教育部、中国教科文全委会共同举办的“国际人工智能与教育会议”上，分析了人工智能对教育提出的三个挑战：对学生能力培养提出新挑战、对教师角色转变提出新要求、对学校治理模式提出新考验。对教育来讲，根本的要求还是以人为本，育人为先，技术是实现目标的工具和途径。无论是现在的学校还是未来学校，无论未来科技多么发达，始终不能离开以人为中心。教育领域技术的应用需要回归生活、回归常识、回归初心，指向学生综合素养的提高，解决实实在在的问题，而不是简单的累积。教育应该是在技术的支持和帮助下，使学习更加开放融合，更加丰富多彩，更加有趣高效，产生多样的教育生态，更好地服务于人的成长。

（二）坚持可持续发展原则，推进绿色校园建设

绿色校园建设是个系统性工程，教育系统需要积极响应和落实“把绿色低碳发展的理念全面融入国民教育体系”的要求，带动作为绿色校园践行者的教师和学生积极参与其中。基础教育领域推进绿色校园建设，一是要积极引导绿色发展理念，大力开展绿色校园实践活动，让绿色低碳行为融合在校园的方方面面，营造绿色的人文氛围。二是要进一步加强绿色教育，不仅意味着课堂教学和教材中需要有意识地加入绿色低碳的学习内容，也需要在实践环节加强绿色教育，让学生在“做中学”“玩中学”，启发学生绿色低碳生活的行动自觉。三是在校园环境构建和空间规划上，将资源节约、环境友好的理念融入校园景观设计、建筑材料选择、形态色彩应用等校园空间环境营造的各方面，使校园成为绿色教育的第一课堂。[8] 未来校园应在落实“双碳”承诺，应对气候变化、环境保护等全球性议题方面，扮演更为积极的角色。四是在学校管理上，探索绿色、高效、智能的学校治理新模式，持续提升师生环境素养，从学校做起，为可持续发展做出贡献。

（三）以校园空间为抓手，落实未来教育的目标需求

区域教育发展规划要求基于当地的经济发展和教育特征，对未来一定时间内教育发展的目标进行系统性设计。校园空间规划作为一项包含学校功能布局、基础设施、景观系统、交通组织和建筑单体的系统性物质空间规划与建造的过程，需要从空间的角度传达教育发展愿景和目标，通过外在表现承载、释放教育发展的理念，达到环境育人的重要目标。

作为基础教育行为发生的空间载体，校园规划要更好适应新发展阶段，为基础教育在普及水平、办学条件、公平程度、教育质量和治理能力五个方面高质量发展提供有力支撑，从布局、交通、景观、建筑等物质空间维度，服务好不同规模、不同学制学校的整体发展，贯彻落实“加强党对基础教育的领导，坚持立德树人”的原则，加快建成面向未来的高品质基础教育设施。

参考文献

[1] 吕玉刚：《以未来计 · 从足下始：基础教育高质量发展十年成就与未来布局》[J]，《中小学管理》2022 年第 10 期，第 10~14 页。

[2] 宁本涛、杨柳：《以“五育融合”之力撬动基础教育高质量发展——来自第二届全国“五育融合”研究论坛的观点》[J]，《中国电化教育》2021 年第 6 期，第 1~6 页。

[3] 杨培明：《重新认识和思考“五育”并举》[J]，《人民教育》2020 年第 19 期，第 50~52 页。

[4] 宁本涛：《“五育融合”与中国基础教育生态重建》[J]，《中国电化教育》2020 年第 5 期，第 1~5 页。

[5] 祝智庭、胡姣：《教育数字化转型的本质探析与研究展望》[J]，《中国电化教育》2022 年第 4 期，第 1~8+25 页。

[6]《北京市房山区“十四五”时期教育事业发展规划（2021—2025 年）》。

[7] 顾明远：《教育大辞典》[A]，上海：上海教育出版社，1998，第 750 页。

[8] 李涛、黄献明：《关于未来校园规划建设的思考》[J]，《建筑实践》2020 年第 5 期，第 8~9 页。

Face to Future: Educational Development Planning and Campus Space Planning Study

Wu Guoqiang, Zhang Zhi, Ji Huihui, Huang Xianming

Abstract In the historical journey of realising the Chinese dream of the great rejuvenation of the Chinese nation, the development, reform and innovation of education have always occupied an important position. On the basis of explaining the new tasks of education development in the new era, this paper introduces three future oriented campus space planning cases of the National Center for Schooling Development Programme in Xiong'an New Area, Xixian New Area and the Future Experimental School of Capital Normal University, and discusses how to build a synergistic and optimal relationship between future - oriented regional education planning and campus space construction.

Keywords Educational development; Educational planning; Campus space planning

未来教育理论研究

未来教育：人工智能时代的生命教育

刘　慧　吴　凯

【摘要】人类即将步入与人工智能“共舞”的时代，人将如何存在？教育将向何处去？人工智能强烈地“冲击”了我们的生活，改变了人的存在方式，所引发的关注人本身、关注人的生命意义，将呈现前所未有的凸显态势。借助人工智能，人看到了人自身不可被替代的是生命，是人之生命的情感、直觉、好奇心、想象力、创造力等。人工智能带给教育的不仅是“器”“术”方面的挑战与机遇，更是对教育本质的重新审视。正是人工智能时代“生命意义”的凸显与坚守，才让教育有了方向——生命教育。生命是教育的基点，关注生命意义是生命教育的核心，生命教育是未来教育之“魂”。人工智能促使生命教育进入发展高潮期，使教育回“家”成为可能。

【关键词】未来教育　人工智能　生命教育

【作者简介】刘慧，首都师范大学儿童与未来教育创新研究院院长，初等教育学院院长、博士生导师，教育学博士（北京 100089）；吴凯，首都师范大学儿童与未来教育创新研究院兼职研究员，教育学博士（北京 100089）。

人类即将步入与人工智能“共舞”的时代。在这样的时代，人将如何存在？教育将向何处去？如果说在 20 世纪末 21 世纪初我们还看不清、说不清后工业社会是怎样的一个社会，那么在经历了短短的十几年发展之后的今天，我们已经清晰地体验到人工智能时代的到来。所谓“人工智能”是指让计算机像人那样思考、学习和认知，即用计算机来模拟人的智能。自1956年确立人工智能概念以来，经过短短的六十余年时间，人工智能正在朝着我们可预料和不可预料的方向飞速发展。2017年7月20日，国务院发布了《新一代人工智能发展规划》，开篇指出，“人工智能的迅速发展将深刻改变人类社会生活、改变世界。”2018年，人工智能成为社会关注的焦点与热点。不论是信息技术领域，还是教育领域，人工智能均占据醒目的位置，也成为世界哲学大会讨论的议题。人工智能带给人类的冲击是巨大的，带给教育的冲击是深刻的，对此，我们必须要有充分而深刻的认识与理解，并应积极应对。本文旨在“畅想”未来教育在人工智能时代的“新图景”——生命教育。

一　人工智能：深刻改变人类社会生活

“人工智能”（Artificial Intelligence，AI）的概念由来已久，最早可以追溯上世纪50年代中叶，“人工智能之父”约翰·麦卡锡（John McCarthy）曾提出，“人工智能是创造科学和工程的智能机器”。[1]进入21世纪以来，人工智能被视作新一轮科技革命的关键技术，成为人类第四次工业革命的核心驱动力，包括中国、美国、德国、英国、法国、印度在内的许多国家都将其视作国家发展战略计划和纲要的主要着力点与发展方向。2017年，《新一代人工智能发展规划》指出，“抢抓人工智能发展的重大战略机遇，构筑我国人工智能发展的先发优势，加快建设创新型国家和世界科技强国”；习近平在中共中央政治局第九次集体学习时强调，“人工智能是引领这一轮科技革命和产业变革的战略性技术，具有溢出带动性很强的‘头雁’效应”。[2]可以预见，人类社会和世界将随人工智能的发展而改变。

（一）人工智能改变了人的存在方式

如果要概述人工智能带给人类社会的改变有几何？这个话题可能稍显宽泛。然而，如果将这个问题放在经典力学范畴内，便容易理解：不妨将“人工智能”看作一种“力”，将跨越时空、虚实兼具的“世界”或“人类社会”视作一个“物体”，那么可以想象这个“力”已然足够大了，足以同时产生两种作用效果。其一，这个“力”使“物体”发生形变，改变了物体形状，即：人工智能已然深刻影响了人类生活的方方面面，不断带来颠覆性、创新性的新业态，[2]甚至使人的生存重心转向关注生命意义，认清“人本身”，为人的自我理解提供技术支持，改变人的存在方式，优化人的生活方式；其二，这个“力”克服了诸多阻力，改变了“物体”运动的状态，且向着力的作用方向产生一定的“位移”，而这里所说的“力的作用方向”即是“未来的方向”，这里所产生的“位移”，则是世界所发生的变化，即：人工智能向着未来渐次“重构”社会经济、文化乃至人类文明，但是这其中也是危机四伏，“未来的方向”以及对世界的“改变”也并非都是“美好”和“乐观”的，其间仍存在一定的风险，甚至有导致人类文明走向灭亡的可能性。但毋庸置疑的是，人工智能改变了世界。这种改变，不仅仅是改变了我们所做的事，更是改变了我们自己。如果说前几次工业革命，顶多是人的手、脚等身体器官的延伸和替代，那么，这次以人工智能为主导和核心的第四次工业革命将成为对人类自身的替代。

首先，人的存在空间发生了改变，由二元变为三元。以往人是生存在自然的物理空间和人的社会空间之中，而今却增加了一个新的空间——“信息空间”。信息空间的出现为所有自然科学、工程技术、社会科学提供了新的途径和方法。而信息空间也被视作“元宇宙”的雏形，[3]相较于物理和社会空间，其具有时空灵活性、资源共享化、行为数据化、信息众筹化、关系网络化和系统联通化等典型新特征。[4]可见，人的存在空间发生了质的改变，这使得人们的实践活动能够突破时空所限，促使人们进一步拓展资源共享的范畴、将人的行为数据化且能被实时记录和存储、更为及时和扁平化地传播与交流观点成为可能；同时，也从根本上改变了人与人关系的结构，促使组织内部的系统之间形成开放联通、共融共生的组织模式等。

其次，人工智能扩展了人的生命形式。尤瓦尔·赫拉利（Yuval Harari）曾提出，生命即将由智能设计操控，过去自然选择的生命游戏规则将会被彻底改变，那么就需要确立一种新的研究人类历史的方式。[5]以往，人的生命就是人的生命，随着人工智能的发展，人们势必能够借助人工智能，通过生物工程从根本上改变人的基因，使人的身体机能，甚至认知能力、思维得以强化，生命质量得以改善；或通过仿生工程，创造出原不属于人体却可以成为人之生命的组织和器官，从而使人的生命成为“人机共在”的形式。此外，2020 年初，美国科学家创造出了世界首个毫米级“活体可编程机器人”[6]，这是一种全新的生命形式，驱使人类不得不重新认识自身，再理解生命的本质。

最后，人工智能使人更趋近“自由”，这是更为重要的改变。如果说在农业社会，人被自然所“束缚”，在工业社会，人被机器所“控制”，身心的自由均是有限的，那么在后工业社会，人工智能则能将人从自然的束缚、机器的控制中解放出来，从生存劳作中解放出来。在人工智能的支持下，每个人皆以全面发展为前提，不仅能创造出大量的“自由时间”和大量的社会财富，而且也使得劳动不再成为其谋求生存的手段，而是成为人的内在需要，进而使人拥有更多的闲暇时间，身心更为自由。如是，由人工智能所主要引发的这些正在发生或者在未来即将发生的科技革命，也在促使人类不断地重新认识与理解自身，改变着人的存在方式。

（二）人工智能优化了人的生活方式

人类智能对人的生活造成了极大的“冲击”。路易斯·德尔·蒙特（Louis A. Del Monte）认为“人类将迈向与智能机器人共存的时代，人工智能将于21世纪中叶全面超越人类，成为地球上最聪明、能力最强的生命形式”。[7]而麦肯锡全球研究所（MGI）于2017年发布了题为《失业、就业：未来的工作对就业、技能和工资意味着什么?》的报告，指出“在目前这样一个自动化和人工智能高速发展的时代，预计到2030年至少有4亿至8亿人的工作将被自动化取代。”[8]可以预见，那些被《未来的雇佣状况——计算机时代的到来是否会导致失业》所提及的“即将消失的职业”，如驾驶员、实体店店员、翻译、文秘、体育裁判、消防员、电话销售员、服务员等将可能在不远的未来失去故有的工作。例如，在2018年，全球首个无人驾驶清洁车队在上海松江正式诞生，并在当地道路上正式运行；2019年京东智能配送机器人正式上路，成为全球首次全场景常态化配送运营，不仅如此，京东的无人“机、车、仓、配送站”已经实现无缝衔接；今天，在许多中高档酒店、商场，都能看到智能机器人的身影，它们不知疲倦、永远微笑地为顾客提供便捷高效的服务。显然这些原本由人类来完成的任务，却被智能机器人“抢走了”。

当然，凡事皆有两面性，由于“被抢走”的工作往往具有机械的重复性等特点，因此人工智能的出现与介入，在一定程度上不仅提高了人们的生活、工作效率，也促使人们从事对创造性有更高要求且劳动价值更高的工作，进而有效地推进了人类文明发展。

（三）人工智能可能是人类的“敌人”

美国学者雷·库兹韦尔（Ray Kurzweil）曾提出“奇点”理论，他预言2045年“奇点”就会到来，而那时人工智能势必会超越人类，之后，人类永生也会成为现实。[9]显然，他的观点属于对人工智能乐观的一派。相反，以斯蒂芬·霍金（Stephen Hawking）等人为代表的悲观派认为人工智能的发展可能会引发第三次世界大战，甚至将人类文明带向毁灭的深渊。[10]同时，人类社会的道德伦理也是被人工智能挑战最多的领域之一，存在一定的技术伦理风险，如数据与隐私泄露、算法歧视等；也存在一定的社会伦理风险，对人类道德主体性和社会整体的公平正义发起挑战；[11]换言之，人工智能的发展不仅能为人们提供更为便利和高效的生活，也可能让人们承受原本世界里所鲜见的个人财产和名誉等损失。当然，还有学者提出人工智能可能会因为人类对其的过度依赖而削弱、贬抑人类的能力，使人丧失自我存在基础的风险以及可能使作为人的基本生命活动形式的劳动陷入异化状态；甚至会挑战人的天然独特性和弱化作为人的本质的社会关系等。[12]事实上，对待人工智能，人们并不是一味地看到它有助于、有益于人的方面，同样也看到了它可能有害于人的方面。时至今日，技术早已不再是社会发展的“工具”和“手段”，而成为人类为自己制造出一个强大的敌人。这也是我们不能忽视的声音。

总之，如果要让人工智能朝着对人类有益的方向发展，那么就应该首先明确其发展是以人为出发点和归宿点的价值指向，从而打破人类与人口智能二者间的主客二元对立关系，形成人机协同、人机共生的感性“对象性”关系。当然，也要始终秉持为了人类的幸福而充分开发利用人工智能的原则，毕竟只要运用得当，人工智能便不尽能促进人的生命提升，而且会更深度地挖掘个体生命的潜力。

二　教育之“变”：适应人工智能时代需要的教育变革

教育是人力资本的发动机，与推动人类文明发展的科学技术共同成为驱动社会向未来发展的主力。世界经济论坛（WEF）于2020年发布了《未来学校：为第四次工业革命定义新的教育模式》，提出“教育4.0全球框架”，表明面对未来的需求，第四次工业革命需要有与之相适应的教育模式。世界各国高度重视人工智能与教育的关系的影响。美国近年陆续颁布了数部《国家教育技术计划》，长期持续地关注技术对教育创新的促进作用及对教育生态的重构。我国将人工智能视作“强教育”的重要抓手，2018年，教育部发布《教育信息化2.0行动计划》，亦是为了“面向新时代和信息社会人才培养需要，以信息化引领构建以学习者为中心的全新教育生态，实现公平而有质量的教育，促进人的全面发展”。2019年，联合国教科文组织（UNESCO）发布的《北京共识——人工智能与教育》，不仅为利用人工智能技术实现2030教育议程提供指引与支持，也形成了各成员国对人工智能时代教育发展的共同愿景。2020年，教育部印发的《2020年教育信息化和网络安全工作要点》，明确指出要“推进高等学校人工智能等领域的教学资源建设”及“继续中小学人工智能教育课程建设、应用与推广工作”。由此可见，人工智能不仅仅给人类社会带来巨大的冲击、挑战与机遇，更对教育的改革与发展产生了深刻的影响，给教育带来一系列的变化。

（一）转向个性化：学习模式之变

人工智能时代对人的生存提出了新的要求，教育必须对培养人的规格重新审定，对培养人的模式进行新的探索。人工智能为未来教育提供了技术支持。其一，基于大数据的智能的个性化教育成为可能。个性化教育“颠覆”了传统课堂或校园内的“教与学”，变革了学习方式，使得那些看不见、摸不着、难以量化的情感、态度、心理状态等数据化，这样可以更直观地进行教育评价，提高教育效用。可以说，以往杜威倡导的新“三中心”之所以还没有实现，其中一个重要原因是技术发展还未达到支持的程度。而今移动互联网技术、人工智能技术改变了人的行为方式应与世界的联系方式，尤其是与之相伴相生的一代——被称为“App一代”。人工智能不仅提供了个性化学习，也使人的个性发展得到了训练，而个性化学习需求的满足本身也强化了人的个性化存在，培养了人的个性。

其二，跨媒体学习将有效提高学习效率。[13]虚拟现实的技术使人的学习进入“体验态”，将那些人的肉眼看不见的、想象不到的学习，变成了身临其境之可观、可感、可触摸的状态，这样可以让人更接近真实地去感受、体验生命故事，并从中汲取生命能量。信息技术不仅仅是支持更是培养、培训人的观念与行为方式的转变。例如，以互动、开放、共享、规范为主要特征的资源观，其中蕴含着未来社会需要的人的道德品质；跨学科融合、超学科的学习与研究必然成为常态。

（二）成为导引者：教师角色之变

尽管教师被认为是未来最不可能被人工智能替代的职业之一，[14]但是对于那些囿于传统学习理论，仍自诩为“讲台上的圣人”的教师而言，其许多传统教学与学习任务，如教学和学习评价等，仍有可能被自适应软硬件所接管。[15]换言之，如果不随着时代的发展对教师的要求和定位动态调整，那么教师的作用将存在着可能被削弱的风险。事实上，随着人工智能的发展，海量的知识快速生成更新迭代，“知识本位”现代教育哲学观正在被颠覆，教育目标也已经超越“知识本位”，转向“人本位”。换句话说，传统功利的、机械的“知识和技能”工具本位逐渐褪色，以“人的发展”为旨归的生命本位正在回归。因此，在这样一种背景下，人工智能时代赋予了未来教育教师新的角色——导引者。

作为导引者，教师已不再是单纯的知识传授者，而是在教育的过程中引导学生学习之人。[16]借助人工智能，未来教育教师能从繁重的、琐碎的工作内容中挣脱出来，从而将更多精力放在需要创造力、同理心的教学活动中。例如，创设富有生命气息的生态课堂，教师已不再单纯关注知识的传授，而是转向关注师生生命发展。此外，未来教育教师的角色也逐渐从个体性转向团体性，从个体劳动走向协同组织，从教师与学生主客二元分离，甚至对立，转换到二者共生共长的关系。当然，这也对未来教育教师提出了更高的要求，其不仅要基于已有经验引导学生体验、理解和表达生命，而且还要开展终身学习，不断提高自身教学素养，尤其是信息素养，以便能够充分运用已有的技术深度融合人机交互，在提高教学效用的前提下提升自身的幸福感。

（三）走向智能化：教学方式之变

人工智能时代未来教育的学习模式之变、教师角色之变，必然引发教学方式的改变。正如上文所述“信息空间”的出现，使得学习平台、教育资源以及教学方法趋于多元化和智能化。在此背景下，教育将无处不在，无时不在。传统上，教育课堂多采用线上线下融合，通过网络、MOOC、绘本、多媒体资料、实践活动等途径开展教学。而在人工智能的支持下，未来教育课堂将更为开放、生动、充满生命气息，由全息影像构建的未来教育体验场将成为现实，师生不仅可以足不出户便能面对面交流，而且教师可以根据教学需要，利用虚拟现实技术搭建真实的应用场景，让学生置身其中全息体验和学习。

此外，学生亦可通过个人的智能设备与人类教师的助手——人工智能助教实时沟通，即便是在休息日。更重要的是，智能化的各类学习平台为学生提供其真实需要的各类课程，让学生真正地成为学习活动的主体，只要学生有需求，就可以很轻松地从开放的广域平台中找到学习资料，甚至能自由选择参加基于大数据平台的算法自动匹配到高质量的、适切的课程，大大提高了学习效率，降低了学习成本，提升了学习效果。

（四）迈向多元化：教学评价之变

基于人工智能技术和大数据的支持，生命教育教学评价将更加多元，评价体系将更为科学、完整、可信。评价主体也将趋于多元化，教师不再是教育场域内的核心评价者，学生、家长、校内职工，甚至在研学旅行路途中所接触到的司机、景区工作人员、酒店与交通枢纽工作人员等都有机会参与到评价中来，而借助大数据和便捷的采集数据手段，这种多主体协同合作的关系将更加紧密，评价体系也将更加立体、完善。“数据是不会说谎的”，此乃人类对人工智能的基本判断，因此，评价过程和方式也将更加清晰透明和公平公正。在教育活动中，无论是通过线上还是线下，真实世界还是模拟的虚拟世界，学生的每一个学习行为都是可以被数据记录的，这是传统的档案袋评价法的升级版，不仅记录准确，也能减少人的主观性，帮助教师更为客观、全面、立体地对学生予以引导。同样重要的是，过程性评价的难度也将进一步降低。未来教育教师只需要学习、懂得如何分析和解读结果，而不必花费过多时间机械地记录学生表现和采集来自其他评价者的观点，这样也能极大地减轻他们的工作压力，促使他们可以将精力投入到需要用人类语言和情感解决的问题中。如是，方可在真正意义上有效地开展过程性评价，凸显其独特价值，并将终结性评价与其有机融合，提高未来教育的综合效用，切实地让教育回归“人本位”和“人的发展本位”，促进学生的身心全面发展。

三　生命意义：人工智能时代的凸显与坚守

未来充满了不确定性，未来具有无限可能性，未来凸显了什么？我们应该坚守什么？人工智能技术的进一步发展必定会引发价值再次转移，重点突出人类的内在情感——思考力、创造力和解决问题的能力。可以说，人工智能所引发的关注人本身、关注人的生命意义，将呈现前所未有的凸显态势。

（一）关注生命意义成为时代的主题

伴随物质财富的充裕和科技发展，人们不再为生存奔波，生命意义的问题便随之“浮出水面”。2018 年 8 月在中国召开世界哲学大会期间，“中国民众最关注的十大哲学问题调查”结果也证明了这一点。本次调查包括哲学与生活的关系，科学技术进步（如转基因、人工智能）带来的哲学问题，什么样的社会是好社会等，而高居榜首的是“人生的价值与意义”。可以推断，这也许是中国历史上的第一次。当中国社会步入小康之后，生命的意义与价值必然成为中国民众关注的重要议题。

人工智能时代，人之生存的重心必将转向关注生命意义。生命意义的寻求、发现与实现，是每个个体生命的生存使命。人是追求意义的动物，每个人都有探寻意义的欲望。[17]人工智能“解放”了人的体能、智能，使人有更多的闲暇时间和自由去思考生命意义问题。也就是说，人拥有更多的闲暇时间和自由，不仅是时空层面的，更是意义层面的。在人工智能时代，人的生命如何才能更有意义、人的心灵如何才能安顿，这样的问题是搞清人的存在而必须回答的，是人之存在的主要任务。

（二）人工智能助力人认清人本身

对人本身的认识与理解，是生命意义的核心问题。对“我是谁”的认识与理解是回答生命意义问题的“原点”，也是人一生的功课。而人是最为复杂的系统，仅凭人自身是很难处理人自身的复杂性的。以往我们对人的认识，是相对于高级动物而言的，而今我们比较的对象转向了人工智能。有学者指出，“人工智能的迅猛发展，产生了一个契机，它让人可以突然越来越自省于这样一个事实：我们人类活动当中究竟有多少是不可计算的部分，以便将我与机器区分开来。是的，正是人工智能，让我们越来越清楚地看到了‘人本身’。”至今，人对人工智能的研究表明，“机器智能的‘天花板’是人的本质特征——生命，机器智能难以拥有情感智能、志趣智能和创新智能中的高阶智能成分。”[18]也就是说，人之为人的根本是人的生命，是人之生命的情感、直觉、好奇心、想象力、创造力等。可见，借助人工智能，人看到了人自身哪些是不可被替代的，而这正是人之为人的核心所在，由此，人对自身的认识与理解才能更深入。

（三）人工智能为人的自我理解提供技术支持

人的自我认识与理解，并非易事，如何“突破”这一难题？人工智能使人的自我认识与理解有了“通道”。人工智能技术可以帮助人“画像”，使人的自我认识与理解更为可能、便捷、直观，即可视化。例如，“学生在学习时留下了很多踪迹，比如做练习题、测验的情况，历年的学习成绩，听课时的表情，平时的兴趣爱好，以及家庭和朋友圈的环境，等等。所有这些数据加在一起，可显示出每一个学生学习的情况都是有其特殊性的。”[19]不仅如此，人工智能技术可以通过“画像”知道学生的才华最集中体现在哪个方面，并给出建议。另外，利用人工智能技术可以创设环境等促进人的生命特质的智能发展，包括认知智能中的中高阶智能，如分析、综合、评价等批判性思维；情感智能中的高阶智能，如情感理解；志趣智能中的高阶智能，如文化品质与个性品质；创新智能中的创新和应变等。[20]

四　生命教育：人工智能时代未来教育之“魂”

人的未来是怎样的？人不要变成机器，人要成为人，怎样才能如此？人要成为人，就是要成为其生命之人，成为他自己。人工智能的“天花板”

是生命，而生命却是人的本体。唯有坚守“生命”，人才不能变成机器。那么，何谓生命？如何坚守？生命教育助力未来人实现生命坚守。

（一）生命教育以生命意义为核心

生命教育，诞生于人类社会由工业向后工业转型之际，是中国社会转型期之教育转型的标志之一，是由“知识本位”转向“以人为本”教育的体现；是素质教育的深化，是本真教育的回归，是教育本质之所在，也是送给未来社会、未来人的礼物。自其诞生以来一直存在一种质疑：生命教育是“贵族”的教育，是“有闲”人的教育，只有人不再为生存奔波、不为社会竞争所裹挟，有闲暇的时间、过剩的精力思考生命问题时才需要生命教育，在现实社会中人们并不需要生命教育。从现实看，似乎生命教育只是理想而已，若使其实现，路途还非常遥远。但人工智能时代的出现，加之新冠肺炎疫情的出现与持续，打破了这一局面，使生命教育发展进入高潮期，使教育回归生命成为可能。

生命教育是生命价值观的教育，是生命健康成长的教育，是生命之爱的教育，是生命意义的教育。从生命真善美的角度看，生命教育是认识生命之真、践行生命之善、创造生命之美的教育；从个体生命的角度看，每个生命都有自己的优势潜能，每个生命的发展都是其潜能的实现与发展，生命教育是帮助个体生命开发生命潜能、管理生命能量、成为优质自己的教育，是生命陶养生命的活动。

（二）生命教育是教育本质所在

人工智能带给教育的不仅是“器”“术”方面的挑战与机遇，而且还是“道”方面的审析。可以说，人工智能再度引发了人们对教育本质的追问与思考。社会转型必然带来教育转型。尽管教育具有相对独立性，但其对社会的依赖性是绝对的。教育在一定程度上是社会的产物，有怎样的时代，对人就有怎样的需求，就会有怎样的教育。

如果说 19 世纪的斯宾塞在反思古典教育的弊端后，提出了科学知识最有价值，并在此基础上建立了现代教育的大厦，那么在工业社会转向信息社会后，就出现了人工智能对人之生存的挑战，“什么知识最有价值”的问题也再一次摆到人的面前。这也是教育的时代问题，重新审视教育，明确教育的本质所在，成为当今社会的一个重要关注点。

教育永远都要迎接社会发展的挑战，并保持其不变的本质属性。这种本质属性就是培养人，也就是说教育是培养人的活动。而培养什么人、怎样培养人，在不同时代具有不同的标准与模式。因人工智能改变了人的生存方式与存在状态，对未来人的生存提出了新的要求，故而作为培养人的教育也必然随之改变。人工智能代替人去做许多生存性劳动，使人从中解放出来，使人在受教育的意义与价值、受教育的内容与方式等方面的诉求都会有所改变，因而也必然引发对教育本质的重新审视。

（三）未来教育回归生命教育

未来教育之“家”何在？回到教育本源而言，生命是教育的基点，生命需要教育，没有生命就没有教育。教育是为了生命，不为生命的教育不是真正的教育。但在工业社会，教育出现了异化，本真教育被遮蔽，学校变成了知识传递与技能训练场，生命在此失落。而人工智能将使教育“消除异化”，回归本真，回归生命。正是人工智能时代“生命意义”的凸显与坚守，才为未来教育何去何从明晰了方向，这个方向就是生命教育。可以说，对人工智能的看法，无论是悲观主义还是乐观主义，其都将助力教育回家——生命教育。

生命是最宝贵的，在人的教育之中，全保生命是第一位的。这不仅符合生命规律，也符合人类利益。生命的宝贵，不仅在于其存在，更在于其意义与价值。使每一个人牢固树立生命意识，坚信生命价值高于一切，遏制、抵制一切有害于生命的任何意识与行为，成为教育最为核心的价值与使命所在，而这正是生命教育。

生命教育，既是对本真教育的回归又是超越。所谓回归，是回归到教育产生的本源，即人类在形成与发展中对教育的需要，为了生命的生存与繁衍；所谓超越，是人类发展到今天及未来对教育的需要，人活着的意义与价值。可以说，生命教育不是解决温饱问题，而是解决活着的意义问题、生命价值问题。一定意义上讲，唯有生命教育，才能满足人工智能时代人对生命意义探寻的需要。

在过去的 20 余年里，我国生命教育发展在党和国家的教育政策等多种因素推动下，经历了酝酿期、起步期与发展期，初步形成了人生、生死、生长、安全、健康、教育六大视域的研究与实践，而在人工智能的推动下，生命教育正迎来其自身发展的高潮期。

（四）生命教育教师不可替代

在可以预见的未来世界，人工智能无法对教师尤其是优秀教师构成威胁，从而也不能导致教师职业的消失。[21]人工智能时代，教师的角色、职能和工作重心可能发生变化，但是教师是难以被人工智能轻易取代的。即便有学者以科幻作为教育研究的范式，也并未打破人类在教育过程中所预设的师生互动、情感交融、思想碰撞教育教学活动情境。[22]也就是说，“人是要靠人来培养的”，富含人的情感、精神交流的师生关系是教育活动中所不可或缺的，[23]一定程度上，知识与技能可以放心地交给人工智能“传授”，正如当今流行的翻转课堂模式（Flipped Classroom）的智能升级版，但是“育人”还需人类教师自己完成。

事实上，人工智能时代容易被技术替代的只有人类教师的部分工作和任务，尤其是那些低阶思维能力的教育，而在培养学生高阶思维能力和非智力因素时，人类教师与人工智能协同合作、互融共生才是未来的趋势所在。[24]在人工智能时代的课堂里，教师可通过言传身教，将基础知识和技能交由智能平台传授，而将其主要精力放在创设生命体验场，引导学生与自己、与家庭、与他人、与社会和与自然的立体多维生态关系中，认识生命之真、践行生命之善、创造生命之美，从而立于生命本位，遵循生命、关爱生命，为学生的生命健康成长而教育。人工智能作为一种强大的科技力量，尽管可以从技术革命的形式推动生命教育的变革与发展，改变教师的角色，影响教师的工作重心与内容，如能有效地提高教师的工作成效，降低教师的工作强度、减轻教师的工作负担，等等，但是人工智能只能作为人类教师的伙伴，与生命教育教师形成互补，形成一种“人机共生”的关系，而无法彻底取代人类教师。

（五）生命教育生态趋于共生化

传统发展观下的功利主义严重恶化了教育生态，使教育的功能、目的、价值和意义一度被扭曲，从而导致教育在一定程度上被异化为孤立、封闭、压抑、竞争的、黯淡无光的纯理性世界。[25]与此同时，人们至今所谈论的话题中也难离“分数”“排名”“别人家的孩子”，将“知识改变命运”与“成绩改变生活”直接画上了等号，却很少有人真正关注学生是否身心健康、是否快乐、是否适合、是否掌握了生存的最基本的技能。为了提高考试成绩而在家做“小王子”“小公主”，缺乏最基本的生活技能、好习惯以及与他人合作、交流的能力等常见的现象都是对教育的异化，可能导致学生的成长偏离轨道，对未来产生不可估量的消极影响。

事实上，教育的本质是生命教育，[26]是以关注“人的发展”为旨归的，这正是人工智能时代所要尤为凸显的。当以“知识与技能”的工具本位和“知识本位”为内核的教育生态逐渐消失，而以核心素养体系构建的面向未来的教育目标，关注“人的发展”的人本位和生命本位逐渐凸显。现代教育生态观强调，教育要素与教育环境的协同共生，要从系统观、适应观、平衡观、发展观和合作观的角度对待和解决教育问题。[27]这对人工智能时代的未来教育有一定的启示：其一，未来教育应更深度地融入学校教育，无论是独立成为一门课程，还是与各学科深度融合。人工智能时代那些传统学科势必在“知识和技能”等层面的要求发生改变，学科定位也会发生变化，一切知识、技能、情感、态度的陶养和学习都不是以“卷面成绩”和排名等功利主义残留为目标，而应是为了学生未来能更好地与他人合作，以可持续发展的眼光对待学习，以高维、系统的思维指导成长，从而更有效地适应未来生活，创造性地改造世界，使其变得更美好；而在此过程中，坚持不懈、坚定不移地追求“真善美”，真正地实现亚里士多德口中的“最高的善”。其二，未来教育不再是高校学者、机构和少数学校的专利，而是与政府机构、科普馆、应急救灾展示馆、科技馆、博物馆、图书馆以及大多数学校等共同形成的共生化教育生态体系，其间各机构、人员互相依存、互相影响、互相适应，从而内外联动、有机复合育人。其三，也是非常重要的，生命教育将不再只是狭义的学校教育领域的重要组成部分，而应是全社会所共同关注、学习、践行的重要内容，无论是在校学生，还是年过花甲的耄耋老人，每个人都能从生命教育中获益，从而形成一种积极、合作、发展、共生的教育生态。可以预见，人工智能时代的生命教育生态将趋于共生。

参考文献

[1] John McCarthy. What is artificial intelligence? [EB/OL]. http://jmc.stanford.edu/articles/whatisai/whatisai.pdf.

[2] 顾小清、李世瑾：《人工智能促进未来教育发展：本质内涵与应然路向》[J]，《华东师范大学学报》（教育科学版）2022年第40（9）期，第1~9页。

[3] [13] [19] 潘云鹤：《人工智能2.0与教育的发展》[J]，《中国远程教育》2018年第5期，第5-8+44+79页。

[4] 杨阳、陈丽：《元宇宙的社会热议与“互联网+教育”的理性思考》[J]，《中国电化教育》2022年第8期，第24-31+74页。

[5] 〔以色列〕尤瓦尔·赫拉利：《人类简史：从动物到上帝》[M]，林俊宏译，北京：中信出版社，2017，第377页。

[6] Kriegman S, Blackiston D, Levin M, et al., A scalable pipeline for designing reconfigurable organisms [J]. Proceedings of the National Academy of Sciences, 2020, 117 (4): 1853-1859.

[7] 邓泳红、张其仔：《中国应对第四次工业革命的战略选择》[J]，《中州学刊》2015年第6期，第23~28页。

[8] McKinsey Global Institute. Jobs lost, jobs gained: What the future of work will mean for jobs, skills, and wages. [EB/OL]. https://www.mckinsey.com/featured-insights/future-of-work/jobs-lost-jobs-gained-what-the-future-of-work-will-mean-for-jobs-skills-and-wages.

[9] 雷·库兹韦尔：《奇点临近》[M]，北京：机械工业出版社，2011，第80页。

[10] 中国新闻网：《霍金再次强调人工智能可能“毁灭人类”》[EB/OL]，http://www.chinanews.com/gj/2016/10-21/8038884.shtml。

[11] 张平：《人工智能伦理反思：风险与应对》[N]，《中国社会科学报》2022年5月31日，第005版。

[12] 王阁：《人工智能技术条件下对“人的本质”问题的再思考》[J]，《福建师范大学学报》（哲学社会科学版）2022年第5期，第27-35+169页。

[14] Carl Benedikt Frey & Michael Osborne. The Future of Employment. [EB/OL]. https://www.oxfordmartin.ox.ac.uk/downloads/academic/future-of-employment.pdf.

[15] Arnett, T. Teaching in the machine age: How innovation can make bad teachers good and good teachers better. [EB/OL]. https://www.christenseninstitute.org/publications/teaching-machine-age.

[16] 刘惊铎：《生态体验：道德教育的新模式》[J]，《教育研究》2006年第11期，第64~68页。

[17] 刘慧：《生命之美：生命教育的至臻境界》[J]，《教育研究》2017年第38（9）期，第23~27页。

[18] [20] 朱永海、刘慧、李云文、王丽：《智能教育时代下人机协同智能层级结构及教师职业形态新图景》[J]，《电化教育研究》2019 年第 40（1）期，第 104-112+120 页。

[21] 贾积有：《人工智能与教育的辩证关系》[J]，《上海师范大学学报》（哲学社会科学版）2018 年第 47（3）期，第 25~33 页。

[22] 谭维智：《将科幻作为一种教育研究范式》[J]，《教育研究》2022 年第 43（5）期，第 17~33 页。

[23] 顾明远：《未来教育的变与不变》[J]，《基础教育论坛》2016 年第 33 期，第 1 页。

[24] 郭绍青、华晓雨：《论智慧教育与智能教育的关系》[J]，《西北师大学报》（社会科学版）2022 年第 59（6）期，第 139~147 页。

[25] [27] 顾明远、孟繁华：《国际教育新理念》[M]，北京：教育科学出版社，2020，第 71 页。

[26] 顾明远：《教育的本质是生命教育》[J]，《课程·教材·教法》2013 年第 33（09）期，第 85 页。

Future Education: Life education in the era of artificial intelligence

Liu Hui, Wu Kai

Abstract Humans are about to enter the era of "dancing" with artificial intelligence, how will human exist? Where is education going? Artificial intelligence has strongly "impacted" our life and changed the way human exist. The attention to human themselves and the meaning of life caused by artificial intelligence will show an unprecedented trend of prominence. With the help of artificial intelligence, human sees that what cannot be replaced is life itself, which is the emotion, intuition, curiosity, imagination and creativity of human life. What artificial intelligence brings to education is not only the challenges and opportunities of "tools" and "techniques", but also the re-examination of the essence of education. It is the prominence and persistence of "the meaning of life" in the era of artificial intelligence that provides the direction for education ——life education. Life is the basis of education, focusing on the meaning of life is the core of life education, and life education is the "soul" of future education. Artificial intelligence promotes life education to enter the high tide of development and makes it possible for education to back "home".

Keywords The Future Education; Artificial Intelligence; Life Education

[责任编辑：朱永海]

面向未来的人工智能教育：理论驱动与政策比较视角下的伦理反思

魏　戈　汉娜莉·涅米（Hannele Niemi）

【摘要】人工智能在未来全球教育体系中发挥着越来越重要的作用。然而，人工智能的运用该如何与教育活动的伦理诉求相适应，这是面向未来的人工智能教育绕不过去的议题。本文创新性地从理论驱动与政策比较相结合的视角对该问题进行反思。首先，从伦理学视角出发，基于罗尔斯（Rawls）的正义理论，厘清教育活动的本质及其伦理考量。其次，从政策比较的视角出发，将中国和芬兰作为世界教育强国的代表，对国家层面人工智能教育的相关政策进行文本分析，探讨其如何观照教育的伦理属性，并为高质量的教与学服务。最后，综合自上而下的理论演绎与自下而上的政策比较分析，提出人工智能教育的四大伦理准则：包容与个性化、公正与安全、透明度与责任、自主与可持续。最后本文建议，智能化时代的教育应始终坚持以人为本的立场，不断加强跨国对话，以增进对人工智能教育的伦理共识。

【关键词】人工智能　智能教育　未来教育　政策分析　伦理反思

【作者简介】魏戈，博士，首都师范大学初等教育学院副教授，儿童与教师教育研究中心主任（北京 100089）；汉娜莉·涅米（Hannele Niemi），博士，芬兰赫尔辛基大学前副校长、教授，联合国教科文组织可持续发展教育教席。

作为引发第四次科技革命的核心技术，人工智能（Artificial Intelligence,

AI）作为国家实力与全球竞争的核心技术，其发展受到全球各国的关注。[1]人工智能在促进社会经济和科技的发展上产生了指数级效应。例如，在算力发展领域，《中国算力发展指数白皮书》统计显示，2020年全球算力的总规模增速为39%，其中人工智能算力规模已达到107EFlops；在物流运输领域，天津港北疆港区采用智能化集装箱码头，使建设投资减少30%，作业能耗降低17%以上，作业人员减少60%。人工智能技术的广泛运用，不仅使人力资本的质量与供给产生了新的需求，也使人工智能与人力资源之间的相互依存关系产生了前所未有的张力，进而对与人才培养有关的教育活动带来了前所未有的挑战。[2]由此可见，人工智能并不只是一个技术议题，它更与社会正义、民主公平等诸多伦理准则具有深刻的关联。

2021年，世界经济论坛发布的《全球技术治理报告》迫切呼吁在人工智能领域建立相应的伦理准则，以应对第四次工业革命下科技飞速发展后人的定位问题。2021年7月，在上海举办的“世界人工智能大会”（WAIC），特别开办了多场关于“可信人工智能”“人工智能的社会福祉”“人工智能伦理”的分论坛活动，这些活动涵盖了一系列有关人工智能技术的伦理思考，其中涉及了算法的稳健性、分析结果的可解释性、大数据下的隐私保护及不同用户群体之间的平等性等前沿议题。2022年6月，“智源大会——人工智能伦理、治理与可持续发展论坛”在线上成功举办，论坛指出各类参与主体都应自觉推动人工智能治理工作的落地，将人工智能伦理治理的要求贯穿到人工智能全生命周期之中，塑造科技向善的治理理念和实施机制。

诚如国外学者艾森伯格和霍芬（Aizenberg & Hoven）所说，人工智能既涉及精确的技术分析，也关乎社会公正和人权。[3]当前，人工智能被深度应用于社会的各个领域，推动了社会生产效率的整体提升。然而，作为一种具有开放性、颠覆性，但又远未成熟的技术，人工智能在带来高效生产与便利生活的同时，不可避免地对现有的伦理关系与社会结构造成冲击，且已引发不少伦理冲突与法律问题。[4]在技术快速更新的时代，如何准确把握时代变迁的特质，深刻反思人工智能引发的伦理风险，提出具有针对性、前瞻性的应对策略，是摆在我们面前的重大时代课题。

正是在这样的背景下，本文尝试对人工智能教育展开伦理反思。一方面从伦理学视角出发，基于罗尔斯的正义理论，厘清教育活动的本质及其伦理考量；另一方面将中国和芬兰作为世界教育强国的代表，从政策比较的视角对有关人工智能教育的相关政策进行文本分析，探讨其如何观照教育的伦理属性。最后，综合自上而下的理论演绎与自下而上的政策比较分析，提出人工智能教育的四大伦理准则：包容与个性化、公正与安全、透明度与责任、自主与可持续。[5]

一　人工智能教育的伦理观照

近年来，计算机科学领域在技术和编程方面取得了长足的进步，为基于人工智能的教育打开了新的大门，人工智能在教育教学实践中也开始得到更多的运用。[6]例如，人工智能在预测学生的学业成绩、[7]在早期阶段识别学生的学习风险、[8]进行形成性评价、[9]提高学生的课堂参与度、[10]为教师提供与教学相关的描述性信息、[11]促进教师发展、[12]创设灵活、有效的学习工具及适应性学习环境[13]等方面均有较好的应用。戈克塞尔和博兹库尔特（Goksel & Bozkurt）在最新的一篇文献综述中，将基于人工智能的学习研究划分出三大主题：适应性学习、个性化和学习风格；专家系统和智能辅导系统；人工智能对未来教育过程的构成作用。[14]这一系统性综述指出，如果人工智能能够融入教育过程中，基于人工智能的学习将具有巨大的潜力；但它同时也提出了一些亟待解决的问题，例如基于人工智能的学习工具使用时的伦理准则问题。

我们必须承认，在教育的理论与实践领域，人工智能技术运用中的伦理问题并未得到足够的重视。正如奈伊（Nye）所认为的，数据共享的道德规范仍需要修订完善，以面对全球教育联系日益紧密的情况。[15]还有学者进一步强调，如今在教育数据处理方面尚无公认的道德准则，这一问题已经持续多年。[16]近年来，赫尔辛基大学涅米（Niemi）教授[17][18]指出，尽管人工智能在学习领域有巨大潜力，但它仍存在许多局限性。许多担忧都与伦理问题相关，例如算法歧视、个人隐私、透明度和数据所有权。莫塔（Mouta）[19]提供了一些案例，来说明伦理准则的迫切需求，这些案例体现出“教育决策中解释力”的缺乏，例如“学生津贴、拒绝学生进入某些教育机构”及“在个性化学习中漠视学生感到厌倦的权利”。因此，在缺乏伦理考量的情况下，人工智能赋能的教育系统实则为一个黑箱。人工智能引发的另一个问题在于数据并非公正无偏。人工智能算法由程序员设计，由企业或政府主持开发；他们会将自己重视的内容或偏好置入开发环节。[20]这些案例凸显了加强人工智能教育伦理研究的必要性。

一些国际组织开始对基于人工智能的学习进行伦理评估。2019年，《北京共识——人工智能与教育》的发布，为全球各国应对人工智能带来的机遇与挑战提供指导与建议。[21]该共识申明，将采取人本主义的方式进行人工智能技术的教育应用，通过生活、学习和工作中有效的人机合作，将人工智能技术用于补充人类智慧、保护人权、促进可持续发展等方面。该共识还详细阐述了对于四个交叉问题的建议：（1）在教育领域中平等且包容地使用人工智能；（2）注重人工智能的性别平等；（3）确保教育数据和算法的使用合乎道德、透明、可审计的标准；（4）监管、评估和研究有关问题。

此外，欧盟委员会人工智能高级专家组（HLEG）[22]于近年发布了《可信赖人工智能道德准则》，欧洲议会（EP）亦发布了人工智能伦理准则框架。这两份报告都凸显了欧洲社会的基本价值观，即重视人的尊严、自由、平等和团结，并以民主和法治的原则为基础。这种方法“将人置于其活动的核心”[23]谈及人工智能与技术的同时，道德的核心则是自由、安全和正义。要实现“可信赖人工智能”，需要确保人工智能系统的开发、部署和使用满足以下七个要点：（1）人的能动性与监督；（2）技术稳健性与安全性；（3）隐私与数据管理；（4）透明性；（5）多样性、非歧视性与公平性；（6）社会与环境福祉；（7）问责制度。[24]

我国科技部于2019年发布了《新一代人工智能治理原则——发展负责任的人工智能》。[25]促进新一代人工智能的健康发展，需要确保其安全性、可靠性和可控性，发展各方需遵循和谐、友好、公平和正义的原则。促进基于人工智能学习的可持续发展包含八个原则，即和谐友好、公平正义、包容共享、尊重隐私、安全可控、共担责任、开放协作、敏捷治理。

然而，学习型社会如何更好地与人工智能共存？人工智能对于教育有怎样的意义？仍迫切需要更多研究来提供答案。目前我国的大多数战略是综合性的，针对所有人工智能应用领域；对于社会上不同行业的人工智能应用，我国也提出了部分指导方针。然而，在国家和国际层面上，教育领域的伦理准则仍然有待探讨。

有鉴于此，本文创新性地采用一种理论驱动与政策比较相结合的研究范式。首先从伦理学视角出发，基于美国政治哲学家罗尔斯的正义理论，厘清人工智能之于教育活动的伦理考量。其次，通过跨国比较研究，以中国和芬兰为背景案例，主要采用政策比较法，对近十年来最相关、最前沿的政策文件进行回顾，这些文件促成并推动了人工智能在教育领域内外的发展。通过理论与实证资料“上下互动”的分析方法，依据罗尔斯的正义理论，从中国与芬兰的人工智能伦理政策中提炼出四大主题：（1）包容与个性化；（2）公正与安全；（3）透明度与责任；（4）自主与可持续。

这一跨国对话将对包括学生、教师、人工智能技术的制定者和开发者在内的广泛人群产生深刻影响。本文将从国际研究与实践的角度，对基于人工智能的未来教育相关问题提出见解，包括如何保护人权，如何降低相关技术风险，以及在智能时代如何发挥人的自主性与提高人的主体地位。本文所提出的“以人为本”的人工智能教育立场，能够更好地帮助我们反思教育领域中的人工智能技术，这是教育面向未来、面向现代化的必经之路。

二　罗尔斯伦理学视域下的人工智能教育

伦理学又称“道德哲学”，是关于人类行为之社会规范的研究，是决定我们开发、设计和运用人工智能时应坚持何种价值观的出发点。吉利（Gilli）等学者认为，西方伦理学有三大支柱——亚里士多德的美德伦理学，康德的义务论和结果论。[26]泰格马克（Tegmark）总结道，“亚里士多德强调美德，伊曼努尔·康德强调责任，功利主义强调多数人的幸福最大化”。[27]而义务论强调“做正确的事情”，结果主义理论则称能产生最佳结果的行为才是最佳行为。人工智能是对人类能动性和理性的延伸、增强乃至替代，是在人工智能应用过程中产生的诸多伦理问题的根源，有时其中会呈现上述经典问题的生动表征。[28]究其伦理问题的核心，是人工智能与社会正义的关系问题。

“正义”（justice）是中西方古代和现代社会最重要的伦理思想之一，儒家正义观念强调日常生活的道德伦理，而西方主张社会规范伦理。根据罗尔斯的伦理学理论，正义是商品和服务在人群中进行分配的标准。[29]其正义原则基于一个一般的正义观：所有社会价值——自由与机会、收入与财富以及自尊的基础——都应平等地分配，除非任何价值的不平等分配对每一个人都是有利的。基于此，罗尔斯提出两个正义原则及其优先原则。首先是平等的自由原则，“每个人都享有平等的权利，去获得最广泛的、同等的、系统性的基本自由，这一基本自由要与其他人的基本自由相容”。其次是差异原则，“社会和经济上的不平等，应该得到妥善对待，使得这些不平等：（1）起码会对每个人都有利，（2）相关社会地位与岗位对所有人都开放”。[30]两个优先原则包括自由的优先性和正义对效率和福利的优先性，即第一个原则更优先于第二个原则，第二个原则中机会的公平平等原则优先于差别原则。这两个原则涉及了一个问题，即如何让人工智能技术向所有人开放，而不会重新确立权力、财富、收入和其他资源的不平等。

罗尔斯的正义理论在近些年已被广泛应用于教育研究中，并多见于对教育公平的探讨。已有研究利用这一理论，对高考教育公平的制度逻辑、[31]政府促进教育公平的责任、[32]教育产业化与教育公平、[33]教育的分配正义和关系正义[34]等问题进行研究与探讨。吴文俊[35]从罗尔斯“正义原则”的视角出发，将教育公平分为“平等的教育公平原则”和“差异的教育公平原则”，并对其具体内容和规则进行了框定。胡金木从分配正义理论出发，认为教育正义是一种复合的正义理论，教育正义不仅要在外部资源分配这一角度合乎正义，还应当在教育过程中实现对学生的承认与尊重。[36]

而在人工智能领域，已有研究同样认为数字正义的本质是社会正义而非机器正义。王海明指出，数智时代之中的正义理念、制度和逻辑建构、形塑实践，存在一个不断趋向平衡的指向，而包容性、适切性和渐进性则是正义实践的基本遵循。[37]罗尔斯的伦理哲学启示我们，人工智能不仅是社会中公平分配的公共产品，而且是促进社会公平正义的手段。具体到教育领域，基于人工智能的学习不仅是一种资源，需要在学习者之中完成公正的分配，更是一种促进教育公平甚至社会公平的重要工具。

同时，已有的研究已经充分意识到人工智能伦理研究的重要性。惠特克（Whittaker）等人指出：“伦理只有真正融入人工智能发展过程，并得到对公共利益负责的可执行责任机制的支持，才能有助于缩小人工智能问责差距。”[38]与人工智能相关的典型伦理问题是对人类主观能动性的增强或替代。至关重要的是，能动性和主体性问题是我们如何看待伦理的核心。[39]而在此基础上，更重要的是统一关于人工智能风险的基本认识，并建立一个坚实可行的人工智能治理框架，依据人类的伦理与价值观来规范人工智能的发展。[40][41]

目前，已有研究从不同视角对人工智能的伦理问题进行了探讨，讨论的内容主要集中于人工智能伦理面临的困境，以及对人工智能伦理准则提出相关的建议。从现象伦理学的视角看，人工智能伦理不仅涉及一般性的技术伦理问题，还包括在未来，因人工智能产生自主意识或行为能力而产生的特殊的伦理问题。[42]而从风险管理的角度看，“持续性风险管理”可作为进行人工智能治理的较优路径。[43]而具体到教育领域，教育人工智能的伦理困境主要存在于数据（数据泄露、数据杀熟、高质量数据受限）、算法（技术依赖新增、算法偏见凸显）和实践（师生能力弱化、同质化风险增加）三方面。[44]

在此基础上，国外学者正尝试提出一系列人工智能伦理准则。例如，福罗瑞迪（Floridi）等人审视了多项道德上可持续的人工智能准则，这些指南为“良好的人工智能社会”奠定了基础。[45]他们提出了五项伦理准则，这些伦理准则为良好的人工智能社会的发展奠定了基础，并为各国或超国家决策者和其他利益相关者提供 20 项具体建议，包括有益、无害、自主、正义和可解释性等。吉利等人总结了与人工智能伦理相关的争议以及最终的共识，包括以人为本的人工智能、可解释性与透明度、责任制与问责制、可靠性与安全性、公平与包容、隐私与数据治理六项。[46]从责任管理角度出发，出于人工智能使用周期中稳固性与安全性的考虑，《G20 人工智能原则》提出了可信赖人工智能责任管理的五条原则。在广泛征集了各会员国、国际机构和非政府组织相关意见的基础上，2021 年 11 月，联合国教科文组织发布了《人工智能伦理问题建议书》，最终形成人工智能伦理领域第一份国际准则性文件。这也为我们讨论基于人工智能学习的伦理准则奠定了基础。

至此，我们分析了人工智能如何在教育和学习中促进公正和公平，以及如何保障人工智能运用场景下用户的安全等问题。依据罗尔斯的正义理论，我们提出了可信赖人工智能生态系统的四大支柱（如图 1 所示），并初步作出如下解读。

包容与个性化。人工智能技术的发展突破了规模化教育的限制，以其技术优势使得个性化教育成为可能。依据罗尔斯“差异的公平原则”，在保障学习者机会公平的同时，应当为学习者提供差异化的教育选择。

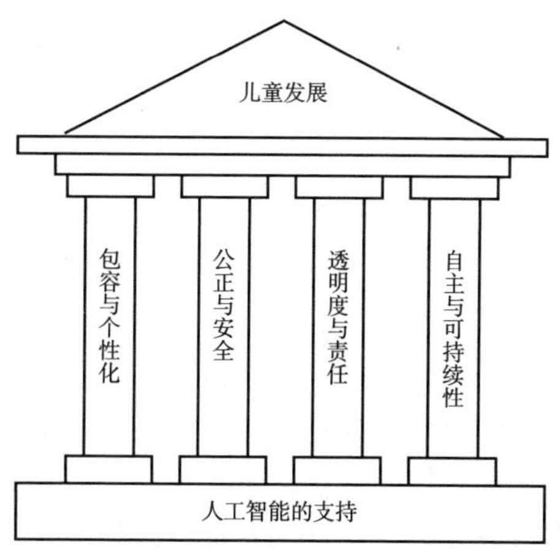

图 1　可信赖人工智能生态系统的四大支柱

公正与安全。公正和安全意味着人工智能能提出值得信赖的解决方案，个人信息和隐私在此过程中都能得到保护。在安全、公正的生态系统中，正义才有机会成为可能。

透明度与责任。在人工智能教育的过程中，学习决策如何生成以及由谁负责关乎教育者与学习者的切身利益。因此，算法程序的透明度与责任划分尤为重要。从正义理论的视角出发，若让人工智能技术向所有人开放的同时，而不重新产生权力、财富等资源的不平等，就必须保障其生态系统具备透明度和清晰的责任管理。

自主与可持续性。这一角度关乎人类与人工智能关系的伦理考量，随着深度学习和机器学习的不断深入，在人工智能学习环境中保持人的自主性与人工智能教育的可持续性是极其重要的。

由此可见，实现人工智能对儿童发展重要支持作用的发挥，离不开可信赖人工智能生态系统的四大支柱支撑。为了进一步聚焦本文的探究路径，我们将基于该理论框架，对现有的政策文本进行集中讨论，这些政策关乎人工智能如何影响我们的生活并重塑未来教育。

三　跨国政策比较视域下的智能教育伦理

下面，我们将对过去十年间中芬两国教育部门内外人工智能学习的相关国家政策进行介绍。政策性文件方面，我们分别收集了近十年（2011～2021）两国国家政策层面关于人工智能的文件。在分析中，我们选择了官方决策层面的关键性文件。例如，欧盟委员会 2019 年至 2021 年的重要政策；[47][48][49][50]芬兰国民经济与就业局 2017 年至 2019 年的相关政策；[51][52]中华人民共和国教育部、中华人民共和国国务院等我国官方机构颁布的有关人工智能的政策等。[53][54][55]本文所讨论的所有政策性文件均可下载或可通过网络查询全文，均属国家公开信息不涉密。

面对数十份中芬政策文本，我们主要使用了政策研究中的主题式分析方法，[56]依据罗尔斯正义理论，对政策文件中与人工智能伦理相关的主题进行提取。尽管目前教育领域中的人工智能伦理问题尚无确切的答案，但两国政府已经意识到了基于人工智能的未来教育中，伦理思考的重要性及其发展的内在方向。因此，我们试图挖掘出隐藏在政治话语中的伦理准则。[57]

（一）包容与个性化

人工智能技术带来大规模教育下个性化、差异化的可能。人工智能构建的智慧学习环境不仅创造了灵活的学习空间，还能感知学习情境、识别学生特征，为学生提供个性化学习支持。当人工智能渗透进未来教育中时，首先涉及的是学习者的机会公平。同时，人工智能应该为学习者提供差异化的教育选择。中国和芬兰在促进人工智能学习中的包容和个性化方面，有着不同的认识和策略。

在中国，人工智能一直被视为一种有效的信息化工具，通过培养有能力在教学中运用人工智能技术的教师，来实现个性化和差异化的学习。我国教育部发布了《教师教育振兴行动计划》，鼓励充分利用云计算、大数据、虚拟现实和人工智能促进信息化教学。[58]此外，教育部还发布了一项改革农村教师培训计划的政策，通过将 5G、人工智能融入教师教育课程，优化职前教师数字化教学能力。[59]这些政策聚焦于将人工智能融入教师教育，认为教师是保障教育领域人工智能伦理运作的主要推动者。考虑到中国东西部地区的发展差异，人工智能已经成为支持弱势群体获得优质教育资源的有效技术。例如，相关政策建议，可以建立智能化教育平台，对学生的学习进行准确的记录与诊断。在个性化学习方面，教育部已对未来的任务进行了规划，将加强教育资源平台的建设，特别是借助人工智能技术实现城乡学校均衡发展。

在芬兰，包容与全纳是芬兰教育体系的主要原则，平等（equity）则在过去的40年间被置于芬兰国民教育发展中的首要地位。[60]如今，人工智能提供了新的工具来对学生学习进行支持，并使学生在学习中保持积极性。在基础教育领域，个性化已被列入芬兰2016年国家核心课程标准，如今人工智能为这一目标的达成提供了新的手段。到目前为止，人工智能战略中主要的伦理考量，集中在终身学习的机会公平上。另外，芬兰的国家级人工智能战略相关文件中，人工智能与教育的联系主要源自职业教育的视角，源自工作在人工智能背景下发生了怎样的彻底变化。终身学习以及人在生活中对人工智能理解和运用的能力是其核心问题。这方面主要关注人们日常生活中数字化工具的使用能力："全体欧洲人民，都需要运用数字化技能来学习、工作、交流，来获取线上公共服务及可靠信息"。[61]芬兰国家人工智能战略还指出，在终身学习的发展过程中，社会应当满足大量的继续教育需求。为实现这一目标，需要对教育系统进行改革，并对专业技能迭代产生的新的责任进行划分，而"人工智能和数字化应在更大程度上纳入更大范围的教育项目中"。[62]

芬兰国家教育与文化部（MEC）认为，人工智能与教育的联系不仅仅在终身学习这一领域。教育与文化部发布了2020年至2040年的教育政策展望，其中为其设定了目标，即"通过科技和人工智能引入的新方法，可在多方面应用于整个教育及研究系统的指导和评估"。除了系统层级的数据外，人工智能还可以帮助识别和消除个性化的学习问题。通过评估系统和教育服务的运作情况及其对学生个人的帮助情况，人工智能可以促进实现教育的全纳性。人工智能还可以通过个性化来促进包容性，为学习者提供支持，但它应当与其他服务相结合，其开发过程必须由多方人员共同参与。不过，该报告也提出了警告，"公共行政部门在伦理、法规和数据管理准则的制定中发挥着主要作用，这些规范缺乏明确性时，数据的使用亦具有内在风险"。[63]

（二）公正与安全

公正和安全，意味着人工智能解决方案值得信赖，人们具有能够影响人工智能应用与人工智能决策的能力与程序。同时，个人信息和隐私在此过程中都能得到保护。中芬两国都意识到了人工智能学习在算法的不公与风险上面临着挑战。

在中国，国家发展与改革委员会发布了《互联网+人工智能三年行动实施方案》，在重点领域培育若干全球领先的人工智能骨干企业，初步建成基础坚实、创新活跃、开放协作、绿色安全的人工智能产业生态，形成千亿级的人工智能市场应用规模。[64]在教育方面，中国政府认为人工智能这一技术首先要对所有年龄段的儿童都具有安全性。2017 年，国务院发布了《新一代人工智能发展规划》，指出人工智能已成为经济发展的新引擎。一方面，人工智能带来社会建设的新机遇；另一方面，其发展的不确定性也带来新挑战。[65]其中一个主要的挑战是网络安全。教育部曾于 2019 年对这一问题进行了讨论，指出教育工作者应该意识到大数据中的潜在安全风险。对此，学校和教师应该加强前瞻性的预防，将部分人工智能平台中可能存在的风险降至最低，保障人工智能教育的安全性、可控性与可靠性。[66]

在芬兰，人工智能战略强调了“人工智能系统不得破坏民主程序、审议活动和民主投票体系”，也不能“破坏法制建立的基本承诺”。[67]人工智能相关系统与应用必须尊重西方民主自由的原则，人工智能应被视为“重塑社会、提升公民对决策与民主过程参与度的一种方式”。欧盟于 2018 年颁布了适用于整个欧洲的《通用数据保护条例》[68]（该条例于 2016 年通过，以下简称《条例》），以作为“正义”的评价指标。《条例》明确了合法处理个人数据的相关原则。个人数据指的是已识别或可识别的任何与自然人相关的信息。《条例》的主要目的在于加强个体对其个人数据的掌控，并保障其合法权利。《条例》的目的，是为所有成员国提供一套标准化的数据保护法律。它涵盖了收集、使用、存储数据的全部阶段。这将使欧盟公民能更容易地了解到他们的数据是如何被使用的，并能对此提出异议与投诉。芬兰也承诺遵守这一规定。学校和教育机构必须遵循《条例》的原则，并采用管理和技术上的政策措施，来确保个人数据的安全可靠。《条例》对人工智能应用程序在数据收集和存储上提出了很高的要求。例如，在使用大数据与学习分析来描述学生特征的时候，必须受到这一准则的规范；如果学校使用其他基于人工智能的工具，如大规模的在线课程、需要收集学生数据的智能辅导系统，同样需要遵循这一准则。从个人用户处收集的数据必须是准确的，且需要得到用户的许可。用户的许可必须是明确而具体的，用户能够自由选择是否给予许可，条文本身需直白、无歧义，用户可以随时撤回许可。该条例同时规定，收集未满16周岁儿童的数据必须得到其父母或监护人的许可，并应确保这一许可能够核实。学校还应确保与其签订合同的外部组织（如人工智能服务商）符合《条例》的要求，其目的是确保公民在人工智能的使用环境中享有保障安全和隐私的权利。

（三）透明度与责任

另外两个需要阐明的伦理问题是，学习决策如何产生，以及谁在基于人工智能的学习过程中对此负责。这些问题涉及透明度和责任问题。教育者和学习者都有权看到并理解算法程序工作的过程，了解算法可能会产生怎样的结果。

在中国，国务院2016年公布了《国家“十三五”科技创新规划》。[69]为构建具有国际竞争力的现代产业技术体系，需要大力发展泛在融合、绿色宽带、安全智能的新一代信息技术，研发新一代互联网技术，保障网络空间安全，促进信息技术向各行业广泛渗透和深度融合。这一愿景下，“负责”的含义是指明确了解国家规划中的行动、决策、结果和政策的责任归属，并承担相应的责任。2018年，人工智能标准化论坛发布了《人工智能标准化白皮书》，人工智能技术更加透明。[70]2021年，科技部发布了《新一代人工智能伦理规范》，强调人工智能技术的数据透明度和结果可查性。2021年，教育部积极探索利用人工智能技术加强互动交流、智能答疑，开发个性化学习资源，推动各级各类平台功能的发挥。教育部鼓励幼、小、初、高各级学校通过人工智能平台，加强对学生学习数据的收集与分析。[71]在此之前，需要加强对教师和学生的培训，使其了解人工智能平台的算法流程，便于教师对学生进行简要的指导。这一点可以视作在学习者对技术环境进行参与时人工智能教育的责任。教育工作者也有责任为学习者创造具有安全感的学习环境。

在芬兰，人工智能战略委员会（MEAE）敏锐地观察到，人工智能介入教育的一个伦理挑战在于，人工智能处于社会生态系统中，确保其遵守道德实践这一要求很难由单个组织达成。[72]欧盟委员会（European Commission）选择了以人为本的道路，这意味着人工智能应用程序必须尊重欧洲公民的基本权利。现如今，芬兰和欧洲各地在人工智能方面争议的焦点在于伦理问题："保护隐私、人工智能系统出错的问责以及基于算法的决策的可追溯性和透明度"。[73]在透明度和责任方面，《条例》提供了一般框架，其中包含处理个人数据的特定义务和权利（例如，在某些特定情况外，不服从纯自动决策的权利）。《条例》也谈及了对自动决策应用在透明度上的具体要求（例如，告知当事人此类决策的存在），要求向用户提供有意义的信息，并解释其意义，对可能造成的后果进行预告。[74]此外，基于人工智能应用程序的服务需要复杂的、全球性的产业链作为支撑。我们需要进行跨学科的探讨，获取多领域的研究数据，用以理解和阐释人工智能带来的广泛社会影响。《条列》同时强调，人工智能伦理不应仅仅被视为活动的限制性因素，而更应被视为一种能够创造新事物、提供新机会的积极因素。

（四）自主与可持续性

尽管人工智能技术仍处于发展阶段，但不难想象人工智能机器未来采取其他形式与人类进行全面互动的场景。自主性与可持续性正关乎人类与人工智能关系的伦理考量。深度学习和机器学习是人工智能在教育数据挖掘领域的核心概念。在教育数据挖掘和学习分析领域，人工智能应用在理论和实践上都取得了重大进展。在这样的人工智能学习环境中，学习者的自主性变得越来越重要。

在中国，科技部发布了新一代人工智能伦理规范，这意味着对人类与人工智能关系的审慎考虑。[75]在教育领域，人工智能提升了教学的有效性，降低了教师的工作量（如批改作业）。然而，保护教育者和学习者的自主性成为又一重要事项，具体指的是某些人类的能力无法被人工智能取代（例如，社会情感认知、自主决策等）。[76]在使用人工智能促进可持续发展方面，教育部宣布利用人工智能推动教师队伍建设，通过人工智能助推教师管理优化、助推教育教学创新、助推教育精准扶贫。[77][78]无独有偶，2021 年 4 月，教育部宣布利用人工智能优势，培养具备新教学理念的高素质、专业化、创新型教师。[79]在中国文化传统下，教育的可持续发展始于一支优秀的教师队伍。如果人工智能能成为构建高质量教育体系的工具，便意味着教育能够获得可持续发展。

在芬兰，人们认为自主"是只归属于人类（而非机器）的品质。它表现为人的自我觉知、自我意识和自我掌控（指能够在生活中设定自己的准则，选择自己的目标）。自主性是人类尊严与能动性的核心所在”。[80]尽管深度学习具有难以解释的所谓黑箱性质，但人类仍然要为人工智能做出的决策及其产生的社会后果负责。因此，要尊重人类的自主性，要求人们对人工智能进行有意义的干预与参与，且人工智能系统不会“从属、胁迫、欺骗、操纵、限制或驭使人类”。[81][82]人工智能提供了多通道、多模式的数据采集能力，大数据能够组合来自不同来源的数据，对学生进行细分和解析。在教育领域，数字化留下的印记从幼儿园开始贯穿整个生命历程。对于以人为中心的数字经济，芬兰在其原则、运作模式、信息架构、技术解决等方面在理念上具有显而易见的领先位置。[83]其中，一项名为“本人数据管理模式”（MyData）的新设计起着极其重要的作用。这一模式发源于医疗保健领域，其最基础的部分是使用患者数据以及信息安全传输的授权。一项国际比较研究指出，芬兰的MyData工作最为先进，这是由于运营商与数据生态系统间的互操作性得到了公平的发展。欧盟委员会强调，这是其数字经济通信的一个准备环节。[84]这种类型的MyData对教育领域同样有用。芬兰国家战略做出了反思，指出近期的争议过于以专家为中心，认为应当允许公民和社会在更大程度上参与人工智能伦理及其社会影响的讨论。[85]人工智能解决方案应当被视作重塑社会、促进公民参与决策、推动民主进程的一种方式。为了实现人工智能运用的可持续性，芬兰国家战略提出了让每个人都充分理解人工智能的未来目标，并将其视作一项新的公民技能。芬兰国家战略指出，要对人工智能与社会的互动进行跨学科的长期研究，支持研究的独立自主，鼓励批判性的意见。[86]这对整个教育系统提出了新的要求。

四　探索人工智能教育的伦理共识

在伦理反思与政策比较之间，本文旨在探索人工智能伦理的全球共识，来重新构想我们的学习与教育。[86]人工智能要在全球范围内发挥效益，则需要在技术治理和道德准则的诸多领域中进行跨国对话，允许多元文化视角与立场的存在。最后，我们将对中芬两国在人工智能伦理方面的共性与差异进行讨论。中芬两国在人工智能学习与教育政策方面的分析结果，可以为国际上人工智能教育伦理的构建提供见解。

在基于人工智能赋能未来教育的话题上，中芬两国在伦理原则的表达上存在一定的差异。表1从政策手段、属性和策略三个方面对差异进行了描述，可以为其他国家和地区的进一步比较研究提供理论框架。

表1　中芬两国人工智能教育伦理的比较分析

		中国	芬兰
方式		-自上而下的指导 -政府部门决策与领导	-自下而上的探索 -第三方及专家共同参与
属性		-政策以规章制度为主 -人工智能教育伦理并未独立确立，需要其他社会部门配合	-部分政策已经合法化 -人工智能教育伦理得到独立确立，但仍需与其他社会部门和利益相关者进行互动
策略	包容和个性化	-重点关注教师教育 -探索基于人工智能的学校教育	-重点关注终身学习 -纳入非正规教育部门
	公正和安全	-强调数据安全与数据保护 -前瞻性的风险防范能力 -个人数据的保护关乎社会和谐	-以人为本对待人工智能相关活动 -强烈要求保障个人数据与隐私 -人类的尊严、自由、人权和民主是人工智能的基础
	透明度与责任	-将算法向学习者公开 -构建公开的人工智能学习平台	-所有利益相关者都需对透明度负责 -对整个决策过程进行具体要求
	自主与可持续	-学习者具有不可替代的主体性 -教师驱动的改革是人工智能可持续发展的重要一步	-自主性是只有人类才具备的品质 -将人工智能知识视作公民技能

由于社会文化背景和政治制度的差异，中国主要采取自上而下的方式来实施人工智能伦理的规范。相比之下，芬兰作为欧盟政治体的一部分，有更多的第三方和专业团体为教育中的人工智能伦理探索做出贡献。有趣的是，芬兰某些关于人工智能伦理的政策由本国政府或欧盟批准。而中国的人工智能教育伦理政策很大程度上取决于与其他社会部门的协调。在具体战略方面，芬兰非常强调公平、全纳、人权和民主等基本价值观，重视如何使所有公民能够在生活中使用人工智能。芬兰受西方公民价值观的影响，强调所有人都应了解人工智能基本知识，了解它如何影响自己的生活，从而对安全使用其个人数据进行授权许可。中国作为社会主义国家，更加重视教育和其他社会部门在发展人工智能方面的跨界合作，重视在和谐社会中建立共享的人

工智能伦理基础，而非局限于教育行业内部。

除了差异以外，我们发现中芬两国也有不少共识。其中最突出的表现就是呼吁人工智能领域采取以人为本的立场。通过对中芬两国的比较研究，我们认为应当在未来教育领域对人工智能技术进行有效应用，根本目的是提升人的能力，保护人们在生活中进行有效人机交互、在正式教育部门内外进行学习、实现终身可持续发展的权利。在包容、公正与平等方面，实现联合国教科文组织所说的“人人享有人工智能”的承诺，[87]真正地让每个人都能受益于正在进行的技术革命，尤其是在创新和知识方面享受其发展成果。

不难发现，中国和芬兰都认为人工智能有潜力解决教育领域中的一些挑战，能够对教学和学习实践进行创新，并最终加速实现可持续发展的目标。[88]作为最早宣布实施智能化教育项目的两个国家，中芬两国在人工智能伦理的国际探讨中是积极的合作伙伴。两国的人工智能国家战略都着眼于社会的长远发展。通过本文的梳理与比较研究发现，教育部门不应当仅仅被视为人工智能技术的消费者，而应当保持一定的主动地位，甚至引领人工智能的变革。这项跨国研究同时启发我们，应意识到教育领域相对于工业和商业的独特性，这意味着人工智能教育的伦理准则在未来需要进行更多的教育实践。

弥合这些社会与技术之间的差距，以及抽象的价值观表述与设计要求之间的深刻鸿沟，对于促成细致的、依赖语境的设计选择来说至关重要，这些设计选择需要对道德和社会价值观具有支持作用。此外，我们还需要对不同层次的教育进行更多的伦理反思，包括社会层面上公正、平等和不平等造成的影响与结果；技术开发人员和用户为使智能工具安全、可解释而需要遵守的道德准则；确保个人具有使用人工智能的能力与权利。最终，在人工智能的伦理共识下，面向未来的人工智能教育将有可能塑造一个美丽新世界。

（本研究得到芬兰国家商务促进局和赫尔辛基大学联合资助（项目号：7818/31/2018），同时也得到了首都师范大学教育学部标志性成果项目资助（项目号：21530420006）。感谢首都师范大学研究生赵玉尘、刘蕊、李若晴为本文写作收集的初期资料。）

参考文献

[1] Roll, I., & Wylie, R.. Evolution and revolution in artificial intelligence in education [J]. International Journal of Artificial Intelligence in Education, 2016, 26 (2), 582-599.

[2] 郭锐：《人工智能的伦理风险及其治理》[J]，《北京航空航天大学学报》（社会科学版）2020 年第 6 期。

[3] Aizenberg, E., & Hoven, J.. Designing for human rights in AI [J]. Big Data & Society, 2020, 7 (2), 1-14.

[4] 张平：《人工智能伦理反思：风险与应对》[N]，《中国社会科学报》2022 年第 5 期。

[5] [57] Wei, G. & Niemi, H. Ethical guidelines for Artificial Intelligence-based learning: A transnational study between China and Finland [A]. H. Niemi., R. Pea & Y, Lu. (eds). AI in learning: Designing the future [M]. Singapore: Springer. 2022: 256-282.

[6] [18] Niemi, H. AI in learning: preparing grounds for future learning [J]. Journal of Pacific Rim Psychology, 2021, 15, 1-12.

[7] [11] Almohammadi, A., Hagras, H., Alghazzawi, D., & Aldabbagh, G. A survey of artificial intelligence techniques employed for adaptive educational systems within e-learning platforms [J]. Journal of Artificial Intelligence and Soft Computer Research. 2017, 7, 47-64.

[8] Baneres, D., Rodríguez - Gonzalez, M. E., & Serra, M. . An early feedback prediction system for learners at-risk within a first-year higher education course [J]. IEEE Trans Learning Technology, 2019, 12, 249-263.

[9] Baradwaj, B. K., & Pal, S. Mining educational data to analyze students' performance [J]. International Journal of Advancing Computer Science Application, 2011, 2, 63-69.

[10] Bozkurt, A., Karadeniz, A., & Baneres, D. Artificial intelligence and reflections from educational landscape: A review of AI Studies in half a century [J]. Sustainability, 2021, 13 (2), 1-16.

[12] Kay, J. AI and education: Grand challenges [J]. IEEE Intelligent System, 2012, 27, 66-69.

[13] Vinuesa, R., Azizpour, H., Leite, I., Balaam, M., Dignum, V., Domisch, S., & Nerini, F. F. The role of artificial intelligence in achieving the sustainable development goals [J]. Nature and Communication, 2020, 11, 1-10.

[14] Goksel, N., & Bozkurt, A. Artificial intelligence in education: Current insights and future perspectives [A]. Sisman-Ugur, S., & Kurubacak, G., (Eds.). Handbook of Research on Learning in the Age of Transhumanism [M]. IGI Global, 2019:

224-236.

[15] Nye, B. D. The end of the world as we know it: Transitioning AIED into a service-oriented ecosystem [J] . International Journal of Artificial Intelligence in Education, 2016, 26, 756-770.

[16] Coeckelbergh, M.. Artificial intelligence, responsibility attribution, and a relational justification of explainability [J] . Science and Engineering Ethics, 2020, 26, 2051-2068.

[17] Niemi, H. Artificial intelligence for the common good in educational ecosystems [A] . Humanistic Futures of Learning: Perspectives from UNESCO Chairs and UNITWIN Networks [M] . Ediciones UNESCO. 2020: 148-152.

[19] Mouta, A., Torrecilla, E., & Pinto, A. Blending machines, learning, and ethics. In Proceedings of the Seventh International Conference on Technological Ecosystems for Enhancing Multiculturality (TEEM 2019) [C] . León, Spain, 16 - 18 October 2019; ACM.

[20] Crawford, K. Atlas of AI: Power, politics, and the planetary costs of artificial intelligence [M] . Yale University Press. 2021.

[21] [24] UNESCO. Beijing consensus on AI and education. 2019 [EB/OL] . https: //unesdoc. unesco. org/ark: /48223/pf0000376709 .

[22] [81] High-Level Expert Group, EU (HLEG) . Ethics guidelines for trustworthy AI. 2019 [EB/OL] . https: //ec. europa. eu/digital-single-market/en/news/ethics-guidelines-trustworthy-ai.

[23] EC. *White paper. On artificial intelligence-A European approach to excellence and trust.* 2020. [EB/OL] https: //ec. europa. eu/info/publications/white-paper-artificial-intelligence-european-approach-excellence-and-trust_ en.

[25] 中华人民共和国科学技术部：《发展负责任的人工智能：新一代人工智能治理原则》[EB/OL], http: //www. most. gov. cn/kjbgz/201906/t20190617_ 147107. htm。

[26] [46] Pellegrino, M., & Kelly, R. Intelligent machines and the growing importance of ethics [A] . A. Gilli (Ed.), The Brain and the Processor: Unpacking the Challenges of Human-Machine Interaction [M] . NATO Defense College. 2019: 45-54.

[27] Tegmark, M. Life 3. 0: Being human in the age of artificial intelligence [M] . New York: First Vintage Books. 2017.

[28] Boddington, P. Towards a Code of Ethics for Artificial Intelligence [M] . New York: Springer, 2017.

[29] [30] Rawls, J. A theory of justice: Revised edition [M] . Cambridge: Harvard University Press, 1999.

[31] 陈潭、胡晓：《罗尔斯原则与高等教育公平的制度逻辑》[J],《现代大学教育》2008 年第 4 期。

［32］金久仁：《政府促进教育公平责任研究——基于罗尔斯正义理论视角》［J］，《教育科学》2018 年第 1 期。
［33］王一涛：《教育产业化与教育公平》［J］，《教育与经济》2002 年第 2 期。
［34］钟景迅、曾荣光：《从分配正义到关系正义——西方教育公平探讨的新视角》［J］，《清华大学教育研究》2009 年第 5 期。
［35］吴文俊、祝贺：《从罗尔斯的正义原则看教育公平问题》［J］，《辽宁教育研究》2005 年第 6 期。
［36］胡金木：《教育正义的多维审视：资源分配、文化承认抑或自由发展》［J］，《教育学报》2022 年第 1 期。
［37］王海明：《数智时代的正义：复杂性及其当代旨归》，［J］《浙江社会科学》2022 年第 1 期。
［38］Whittaker，M.，Crawford，K.，Dobbe，R.，Fried，G.，Kaziunas，E.，Mathur，V.，West，S. M.，Richardson，R.，Schultz，J.，Schwartz，O.. AI Now Report 2018.［EB/OL］. https：//ainowinstitute. org/AI_ Now_ 2018_ Report. pdf.
［39］Biesta，G. The rediscovery of teaching［M］. London：Routledge，2017.
［40］吴文峻、黄铁军、龚克：《中国人工智能的伦理原则及其治理技术发展》［J］，《工程》（英文版）2020 年第 3 期。
［41］赵志耘、徐峰、高芳、李芳、侯慧敏、李梦薇：《关于人工智能伦理风险的若干认识》［J］，《中国软科学》2021 年第 6 期。
［42］孟伟、杨之林：《人工智能技术的伦理问题——一种基于现象学伦理学视角的审视》［J］，《大连理工大学学报》（社会科学版）2018 年第 5 期。
［43］郭锐：《人工智能的伦理风险及其治理》［J］，《北京航空航天大学学报》（社会科学版）2020 年第 6 期。
［44］崔宇路、张海：《教育人工智能应用的困境、成因及对策》［J］，《现代教育技术》2022 年第 6 期。
［45］Floridi，L.，Cowls，J.，Beltrametti，M.，Chatila，R.，Chazerand，P.，Dignum，V.，Luetge，C.，Madelin，R.，Pagallo，U.，Rossi，F.，Schafer，B.，Valcke，P.，& Vayena E. AI for people—An ethical framework for a good AI society：Opportunities，risks，principles，and recommendations［J］. Minds and Machines，2018，28，689-707.
［47］［67］EC. Ethics guidelines for trustworthy AI. 2019［EB/OL］. https：//digital-strategy. ec. europa. eu/en/library/ethics-guidelines-trustworthy-ai.
［48］［73］EC. White paper. On artificial intelligence-A European approach to excellence and trust. 2020［EB/OL］. https：//ec. europa. eu/info/publications/white - paper - artificial-intelligence-european- approach-excellence-and-trust_ en.
［49］EC. Fostering a European approach to Artificial Intelligence. Brussels，21. 4. 2021a.
［50］［61］EC. Digital skills and jobs. 2021b［EB/OL］. https：//digital-strategy. ec.

europa. eu/policies/digital-skills-and-jobs.

[51] MEAE. Turning Finland into a leading country in the application of artificial intelligence objective and recommendations for measures. 2017 [EB/OL]. https://julkaisut. valtioneuvosto. fi/bitstream/handle/10024/160391/TEMrap_47_2017_verkkojulkaisu. pdf? sequence=1amp; isAllowed=y.

[52] [62] [72] [83] [84] [85] [86] Ministry of Economic Affairs and Employment, Finland (MEAE). Leading the way into the age of artificial intelligence: Final report of Finland's Artificial Intelligence Programme 2019. [EB/OL]. http://urn. fi/URN: ISBN: 978-952-327-437-2.

[53] [58] 中华人民共和国教育部：《关于稳步推动编程教育纳入我国基础教学体系，着力培养数字化人才的提案》，2020a [EB/OL]，http://www. moe. gov. cn/jyb_xxgk/xxgk_jyta/jyta_jiaocaiju/202012/t20201209_504364. html。

[54] [59] 中华人民共和国教育部：《关于加强新时代乡村教师队伍建设的意见》，2020b [EB/OL]，http://www. moe. gov. cn/srcsite/A10/s3735/202009/t20200903_484941. html。

[55] 国务院：《中华人民共和国国民经济和社会发展第十四个五年规划和 2035 年远景目标纲要》，2021 [EB/OL]，http://www. gov. cn/xinwen/2021-03/13/content_5592681. htm。

[56] Flick, U. An introduction to qualitative research [M]. London: Sage Publications. 2006.

[60] Niemi, H., Toom, A., & Kallioniemi, A.. Miracle of Education: The Principles and Practices of Teaching and Learning in Finnish Schools. (Second Revised Edition) [M]. Rotterdam: Sense publishers, 2016.

[63] Ministry of Education and Culture, Finland (MEC). Education Policy Report of the Finnish Government. Finland. 2020 [EB/OL]. http://urn. fi/URN: ISBN: 978-952-383-927-4.

[64] 国家发展改革委：《"互联网+"人工智能三年行动实施方案》，2016 [EB/OL]，https://wap. miit. gov. cn/xwdt/szyw/art/2020/art_bf006f97f8b5433cb6f5d89e70991aae. html。

[65] 国务院：《新一代人工智能发展规划》，2017 [EB/OL]，http://www. gov. cn/zhengce/content/2017-07/20/content_5211996. htm。

[66] 中华人民共和国教育部：《2019 年教育信息化和网络安全工作要点》，2019 [EB/OL]，http://www. moe. gov. cn/srcsite/A16/s3342/201903/t20190312_373147. html。

[68] [74] EC. (CEPEJ). European ethical charter on the use of Artificial Intelligence in judicial systems and their environment. Strasbourg, European Commission for the Efficiency of Justice. 2018 [EB/OL]. https://rm. coe. int/ethical-charter-en-for-

publication-4-december-2018/16808f699c.

[69] 国务院：《“十三五”国家科技创新规划》，2016［EB/OL］，http：//www. gov. cn/zhengce/content/2016-08/08/content_ 5098072. htm。

[70] 中国电子技术标准化研究院：《人工智能标准化白皮书（2018 版）》，［EB/OL］，http：//www. cesi. cn/201801/3545. html? ivk_ sa=1024320u。

[71] 中华人民共和国教育部：《关于实施中小学幼儿园教师国家级培训计划（2021—2025 年）的通知》，2021a［EB/OL］，http：//www. moe. gov. cn/srcsite/A10/s7034/202105/t20210519_ 532221. html。

[75] 中华人民共和国科学技术部：《新一代人工智能伦理规范》，2021［EB/OL］，http：//www. most. gov. cn/kjbgz/202109/t20210926_ 177063. html。

[76] 中华人民共和国教育部：《关于大力加强中小学线上教育教学资源建设与应用的意见》，2021b［EB/OL］，http：//www. moe. gov. cn/srcsite/A06/s3325/202102/t20210207_ 512888. html。

[77] 中华人民共和国教育部：《关于开展人工智能助推教师队伍建设行动试点工作的通知》，2018［EB/OL］，http：//www. moe. gov. cn/srcsite/A10/s7034/201808/t20180815_ 345323. html。

[78] 中华人民共和国教育部：《教师教育振兴行动计划（2018—2022 年）》，2018［EB/OL］，http：//www. moe. gov. cn/srcsite/A10/s7034/201803/t20180323_ 331063. html。

[79] 中华人民共和国教育部：《关于开展第二批人工智能助推教师队伍建设试点推荐遴选工作的通知》，2021c［EB/OL］，http：//www. moe. gov. cn/srcsite/A10/s7034/202104/t20210423_ 527853. html。

[80] [82] European Parliament（EP）. European framework on ethical aspects of Artificial Intelligence, robotics and related technologies. European Added Value Assessment（EAVA）. 2020［EB/OL］. https：//www. europarl. europa. eu/RegData/etudes/STUD/2020/654179/EPRS_ STU（2020）654179_ EN. pdf.

[86] UNESCO. Reimagining our future together：A new social contract for education. 2021［EB/OL］. http：//www. unesco. org/open-access/terms-use-ccbysa-en.

[87] UNESCO. AI and education：Guidance for policymakers. 2020［EB/OL］. http：//unesdoc. unesco. org/ark：/48223/pf0000368303.

[88] United Nations. Take action for the sustainable development goals. 2020［EB/OL］. https：//www. un. org/sustainabledevelopment/sustainable-development-goals.

Future-oriented Artificial Intelligence in Education: Ethical Reflections in a Theory-Driven and Policy-Comparative Perspective

Wei Ge, *Hannele Niemi*

Abstract Artificial intelligence is playing an increasingly important role in the future global education system. However, how the use of AI should fit into the ethical demands of educational activities is a topic that cannot be avoided in future-oriented AI in education. This paper adopts an innovative combination of theory-driven and policy-comparative perspectives. We first clarify the nature of educational activities and their ethical considerations from an ethical perspective, based on Rawlsian theory of justice. Then, from a comparative policy perspective, we conduct a textual analysis of policies related to AI education at the national level, using China and Finland as representatives of world education powerhouses, to explore how they view the ethical attributes of education and serve high-quality teaching and learning. By synthesizing top-down theoretical interpretation and bottom-up comparative policy analysis, it is proposed that the ethical guidelines for AI education should revolve around four aspects: (1) inclusion and personalization, (2) justice and safety, (3) transparency and responsibility, and (4) autonomy and sustainability. The paper concludes with the suggestion that education in the age of intelligence should always adhere to a human-centered stance and continuously strengthen transnational dialogue in order to enhance the ethical consensus on AI education.

Keywords Artificial Intelligence; Intelligent Education; Future Education; Policy Analysis; Ethical Reflection

[责任编辑：朱永海]

经济合作与发展组织未来教育政策的话语建构及其价值实质

钟　程

【摘要】 21世纪以来，经济合作与发展组织（OECD）发布了一系列未来教育政策，在全球未来教育话语中的影响力越来越大。然而，有必要认清其政策话语背后的价值实质。研究从政策考古学视角分析后发现：OECD未来教育政策的话语建构出现了由“教育促发全球经济发展”转向“人道主义教育实现社会福祉”，政策价值取向也相应地由“援助经济增长”转向“促进社会福祉”，由“生产学习型人力资本”转向“发展学生变革能力”，由“认知能力评估”转向“人道主义评估”，由“描绘教育未来”转向“塑造未来教育”。上述转变中不变的实质是“服务经济”“绩效主义”“工具主义”“扩张主义”四种价值立场。这启发我们，我国未来教育发展应兼顾教育的工具价值和内在价值，采用科学、适切的未来教育研究方法，重视循证教育评估体系的开发与应用，并警惕唯绩效论。

【关键词】 经合组织　未来教育　话语变迁　价值取向　政策考古学

【作者简介】 钟程，香港中文大学教育行政与政策学系博士生（香港999077）。

【项目基金】 本文是国家社会科学基金教育学重大课题“未来学校的组织形态与制度重构的理论与实践研究”（VFA210006）之研究成果。

21世纪以来，随着各类国际组织的发展与壮大，未来教育被纳入全球教育治理的范畴。相关国际组织基于不同的价值取向和利益诉求设置议程，创建议题，为世界各国发展未来教育提供建议与指南。其中，经济合作与发展组织（Organization for Economic Co-operation and Development，以下简称“OECD”）积极参与全球教育标准的制定，并有效利用媒体形成强大的知识动员能力，成为了预测和指导未来教育发展的主要力量。[1]

国内学界一直密切关注 OECD 未来教育政策动态。如 2020 年《回到教育的未来》报告一经发布，就有学者对报告进行了引介和分析。[2][3]既有研究虽对 OECD 的单一政策或项目做了深入探讨，但对其未来教育政策的历史变迁缺乏审思。事实上，OECD 的未来教育政策已随着国际经济、政治、社会环境的变化进行了多轮调整。[4]基于政策考古学视角，本研究主要考察 21 世纪以来 OECD 未来教育政策的话语变迁和价值取向，探讨政策更迭中的价值演变；并以此为镜鉴讨论其对我国未来教育发展的启发。

一　政策考古学视角及其对未来教育研究的价值

（一）政策考古学的基本观点

政策考古学源自福柯（Michel Foucault）的知识考古学（Archaeology of Knowledge）。知识考古学特别关注催生和形塑知识、话语和认识型（Epistémè）的条件和力量。[5]譬如在《疯癫与文明》中，福柯揭示了高度分散的理性话语如何排除非理性话语，建构起精神病话语，并将疯癫归入其中的复调过程。[6]在福柯看来，作为话语存在的历史或社会问题总是建构的，而知识考古学有助于揭示话语是如何“被命名、分析、更正、重新定义、挑战、删除的”。[5]

承接福柯的知识考古学理论，美国教育政策理论研究者詹姆斯·舍里奇（James Scheurich）创建了政策考古学（Policy Archaeology）。政策考古学的基本观点是：在传统政策研究视角下，教育或社会问题被视作像疾病那样自然发生。教育政策则是“治愈”和解决问题的“良药”。然而，传统政策研究者没有意识到的是，社会问题总是建构的，而政策本身就在建构着问题。[7]事实上，政策是充满价值争论和协商的过程，在权力关系的分配和重组中成型，又反过来掩盖价值斗争。[8]所以，政策研究必须摆脱对社会问题“不假思索”

和“理所当然”的接受，去考察“‘问题’作为问题出现之前”的状态。进而言之，政策考古学强调将教育问题“陌生化”与“问题化”，质疑和考察特定教育问题“出现的条件、假设、力量及其线索和痕迹的规律网格”。[7]在研究过程中，政策考古学包括四个彼此联结且可同时进行的研究领域，[9]分别是（1）教育问题领域，考察特定的教育问题是如何被建构起来的；（2）社会规则领域，考察社会规则系统（Grid of Social Regularities）是如何建构特定教育问题的；（3）政策方案领域，考察政策方案是如何被建构和选择的；（4）政策研究领域，考察政策研究本身是如何建构特定教育问题的。[7]

（二）政策考古学对研究未来教育的价值

如前所述，政策考古学的研究对象是教育问题在“过去”的社会建构。那么，一种关照“过去”的理论视角如何能够探索教育的“未来”呢？当前国际学界探究未来教育的进路主要有四种，分别是技术预测路径、进化教育学路径、预期系统理论路径和“批判-后结构主义”路径。[10]政策考古学属于第四种后结构主义范式，主张探查关于“未来教育”的“真理”或“话语”是如何被唤起、建构，又是如何发挥作用的。也就是说，政策考古学所研究的“未来教育”并不是一种客观的存在，而是作为文本的、话语的、想象的和科幻的未来教育。[11]21世纪以来，OECD发布了如《为了未来的学校教育》《教育的技能和未来：教育2030》《回到教育的未来：经合组织关于未来教育的四种图景》《建设教育的未来》等政策报告。这些政策包含了“未来教育是什么”、“未来教育有何特点”、“未来教育的可能图景”、“为何是此种未来教育”，以及“通向未来教育的道路和方法”等多维度陈述和复调话语，在科幻和想象的层面编织着未来教育的图景。

政策考古学有助于我们理清“过去”与“未来”、“现实”与“想象”之间的关系与实质。政策考古学视角首先表现为“温故知新”。对OECD未来教育政策的考古，就是观察、梳理、发掘和考据过去OECD政策文本中的未来教育想象、价值、目标是如何在历史过程中构建、选择、剔除和重构的；[12]如何将文本中的未来教育“乌托邦”与更广阔的国际经济、政治和社会背景相勾连，开展批判性反思。政策考古学视角还表现为“以新审旧”，即从未来的视角反思当前的教育。通过考察未来教育的可能形态和发展路径，审视当前教育及教育发展过程中存在的问题。同时，政策考古学也可以比较未来教育想象与既存教育之间的异同和优劣，以客观、开放的态度审视未来教育。最后在政策考古学中，可以将教育的未来想象转换为“现在”，视之为正在发生的事，从而获得对未来教育想象的具身体验。[11]

“陈述”、“话语”和“档案”是政策考古学的三个关键概念。[5]其中，陈述（Statement）是话语的基本单位。重要的不是陈述说了什么，而是作为符号的陈述行使了何种功能。在时间推移中，一些陈述的语义、语法可能被修改或者被取代。陈述可视化了关于特定教育问题的话语的流变。话语（Discourse）定义真理并付诸实践，是判定陈述为“真”或“假”的社会、政治和历史条件。话语可视化了陈述背后的权力关系。“档案”（Archive）是约束陈述形成和转换的规则，其可视化了陈述的功能和话语的运作。

以下我们运用政策考古学思想方法探讨有关 OECD 未来教育政策的几个重要问题。

二　OECD 未来教育政策的文本选择与档案化

舍里奇指出，政策考古学不仅要关注关于特定教育问题的政策文本，也要关注政策生产和更迭的社会背景，发掘政策动态与机构内部发展轨迹和全球教育治理动态之间的联系。基于以上思考，本研究建立了三个政策档案（见表 1）。

表 1　OECD 未来教育政策档案①

档案 I:未来教育政策	档案 II:组织发展战略	档案 III:其他国际组织
“图景”系列:《为了未来的学校教育》(2001)、《回到教育的未来:经合组织关于未来教育的四种图景》(2020); “趋势”系列:《趋势塑造教育》(2008、2010、2013、2016、2019、2022); “框架”系列:《教育和技能的未来:教育 2030》(2018、2019)等 PISA 系列	高级别论坛:《罗马宣言》(2003)、《巴黎宣言》(2005)等 发展战略与规划:《OECD 发展战略框架》(2011、2012、2014)等	联合国(教科文组织):《千年发展目标》(2000)、《改变我们的世界:2030 年可持续发展议程》(2015)、《教育 2030:仁川宣言和实施可持续目标》(2015)等; 世界银行:《2018 年世界发展报告:学习实现教育的承诺》(2018)等

① 因篇幅有限，且 OECD 未来教育政策文本较多，表 1 中仅列举了部分文本。

档案Ⅰ包括四个系列的政策文本。“图景”和“趋势”系列由“教育研究与创新中心”（Centre for Educational Research and Innovation，CERI）研制发布。该中心致力于探索教学和学习的未来，为变化的教育制定未来议程。“图景”系列包括2001年和2020年两份前后相继的“未来教育图景”报告。如果说“图景”系列是对多元未来的推测，那么“趋势”系列则是“图景”系列的实证基础。“趋势”系列除2010年外，均为每三年发布一次。其中，《趋势塑造教育2022》与“图景”系列中的《回到教育的未来：经合组织关于未来教育的四种图景》配套发布，互为参考。“框架”系列始于2015年组织启动的“未来教育与技能2030”项目（Future of Education and Skills 2030）①，旨在提出未来教育的理想愿景，帮助各国思考支持学生未来发展所必需的知识、技能、态度和价值观。[13] PISA系列收录了OECD历次PISA测试的理论与逻辑框架。PISA系列不仅是评估工具，也是OECD参与全球教育治理的主要手段。在“图景”“趋势”“框架”描述多元未来时，PISA系列显示了OECD对特定未来教育形态的偏好。如OECD教育与技能中心主任安德里亚斯·施莱歇尔（Andreas Schleicher）指出，“PISA总是把握住了我们想去的地方”。[14]

档案Ⅱ收录了包括《罗马宣言》《巴黎宣言》等在内的报告，以及组织自身的发展战略和规划，展现了OECD的“自我改造史”。[15] 档案Ⅲ收录了除OECD外的国际组织对未来教育发展的倡议和思考。档案Ⅲ收录了档案Ⅰ和档案Ⅱ的参考文献，主要来源为联合国教科文组织（UNESCO）和世界银行（World Bank）。档案Ⅱ与档案Ⅲ共同构成了影响档案Ⅰ中OECD未来教育政策变迁的权力关系、话语规则和社会秩序。或用舍里奇的话说，档案Ⅱ和档案Ⅲ是OECD生产和形塑未来教育想象的“社会规则系统”，是建构OECD“未来教育”陈述和话语的社会背景。[7] 相应地，档案Ⅰ也在不断塑造全球现实，并与其他国际组织的未来教育政策协商与竞争。

由此可见，OCED通过自身所连续发布的政策文件及与之相关的政策文件，并以相互呼应与不断转换的方式，建构了一个貌似合理的话语与思想世界。

---

① 档案中的政策文本是这个项目的成果。即：“未来教育与技能2030”是项目名称。档案Ⅰ中《教育和技能的未来》是政策文本。

三　OECD 未来教育政策的话语变迁与价值取向

下面，我们继续分析 OECD 未来教育政策的话语变迁及其价值主张的实质问题。我们借助扎根理论的二级编码分析发现，[16] OECD 未来教育政策的话语建构逻辑为“确定现实→确定教育事项→确定标准”。从政策考古学视角看，OECD 的话语特点是先“确定现实”以建构起特定教育问题出现的社会背景，这类社会背景往往是以危机话语呈现；“确定教育事项”即指认危机中教育的“可为”和“能为”；“确定标准”即选择未来教育发展方案。[7] 根据档案的话语转变与关联，本节将 OECD 未来教育政策的话语变迁分为两个阶段：“教育促进全球发展（2000~2010）”和“人道主义教育实现社会福祉（2011~2030）”。下文以“插画法”（Vignette）展现 OECD 不同阶段的政策话语，并依循其话语逻辑分析价值取向。

（一）教育促进全球经济发展（2000~2010）

自从 20 世纪 60 年代成立以来，OECD 一直关注教育议题，并强调加强科学教育来培养技术精英，实现同盟国经济的快速增长。[15] 20 世纪 90 年代后，OECD 面临着政治和经济上的双重危机。一方面，冷战结束后全球化进程进一步加快，意识形态排斥的合法性受到质疑；另一方面，全球生产和经济重心向亚洲转移，非组织成员国 GDP 增速与总量大大提高。在此背景下，OECD 构建了新的教育政策话语：[17]

> 确定现实：以经济全球化、知识密集型服务经济为特征的新经济格局正在形成。“以知识为根本”已经成为全球经济发展的基本特征。总体上世界各国经济总量增长，但富国与贫国的差距仍在扩大。低技能工作者无法适应新的劳动力市场。
>
> 确定教育事项：以增加教育投资和提升教育投资回报率来发展经济、消除贫困。提升教育公平，增进国家间和国家内部社会公平。培养学生学习能力，增强国家创新力。
>
> 确定标准：量化评价与评估是制定、辩论和决策未来教育政策的关键要素。建立适应 21 世纪、符合世界发展趋势和个人未来的职业需求，切实反映教育质量的评估标准与评估形式。

基于上述政策话语，这一阶段OECD政策的价值取向可以概括为：

1. 强调未来教育援助经济增长

自成立之日起，OECD就将促进经济增长视为未来教育发展的目标和功能。进入21世纪后，OECD进一步扩展服务范围，一方面吸纳墨西哥、韩国等新成员国加入；另一方面放松政治壁垒，与中国、俄罗斯等新兴经济体建立广泛合作。同时，OECD也试图加强对贫困国家经济和教育的影响力。2003~2011年，OECD举办了一系列高级别论坛，开展以各国需求为导向、以地区发展现状为基础的发展援助。如《罗马宣言》提出“协调组织和伙伴国家的政策、程序和做法，提升发展援助的效率”；而教育则被视为援助各国经济增长的利器。

2. 注重培育学习型人力资本

OECD指出，21世纪是知识经济的时代，信息和知识的累积与更新速度不断加快。尽管熟练工人和掌握高端技术的人才仍对国家经济发展有重要贡献，但技术人才的知识和技能难以跟上知识变革的速度。[18]因此，相比于传授知识和培养技能，学校更应该培养学生的学习能力，使学生能够在未来学习型社会中不断调整自身的知识结构，成为学习型人力资本。只有拥有了大量的学习型人力资本，国家或社会才能够保持创新动力，引领经济变革，在全球经济发展中占得一席之地。

3. 用统计指标引领教育改革

在新自由主义全球化背景下，“问责制”和“绩效”成为了OECD指导教育发展的抓手和着眼点。通过与世界银行合作，OECD首先在组织内推广建立全球性的教育问责和评估机制。1999年，《测量学生的知识和技能》的发布标志着PISA作为“一个在共同国际框架内监测教育系统成效”[19]的评估工具被开发。OECD指出，PISA能够评估年轻人在多大程度上获得了面向未来生活的知识和认知技能。借助PISA，OECD将未来学生所需的素养和能力转化为具体的统计指标和质量等级语言，直观地展现了各国教育发展的“水平”和改革“成效”。OECD强调，PISA能够帮助各国识别自身教育体系中的不足之处，在国际比较中优化未来教育改革。

（二）人道主义教育实现社会福祉（2011~2030）

2011年，OECD在“组织发展战略”中提出要扩大与国际和区域组织的战略伙伴关系，建立战略同盟。[20]这方面主要表现为向联合国未来教育政策的价值陈述靠拢。2015 年，联合国在《千年发展目标》（2000）的基础上制定并通过了《2030 年可持续发展议程》以及 17 项可持续发展目标。同年，联合国教科文组织发布《仁川宣言》进一步阐发“可持续发展目标 4”——“确保包容性和公平的优质教育，促进终身学习机会”[21]。OECD 也随即以联合国目标为核心制订行动计划。[22]2018 年，OECD 更是将其新发布的“教育 2030 框架”定位为实现联合国可持续发展目标的助动力，并将联合国文件视为本组织可持续发展的重要驱动力[23,24]。因此，OECD 在人道主义框架下重构了政策话语：[23,25]

> 确定现实：全球经济高度互联。在经济增长有效提高全球人口生活水平的同时，社会和环境的可持续性已成为未来发展的严峻考验。国家与政府未能改善落后的学校教育和管理体系，“千年发展目标”远未实现。技能成为 21 世纪经济发展的全球货币，也是个人在未来取得成功的关键。多元社会中个人主义盛行，归属感与社会凝聚力下降。
>
> 确定教育事项：教育通过加强社会流动和培养个人“变革性能力”来促进社会福祉。教育应提高学生环境保护意识和培养可持续未来所需的技能和思维方式。为学生社会化提供共同的规范和价值观，帮助个体追求幸福。
>
> 确定标准：建设更为开放和包容的教育治理体制，促进国家间相互学习和合作，尤其为中低收入国家提供专业帮助。变革传统的问责制和规范性评估，建立适应个人的学习评估和检测系统。

根据以上政策话语，OECD 面向 2030 未来教育的政策价值取向可概括为以下三种：

1. 强调未来教育面向社会福祉

OECD 指出，教育在全球范围内的普及和发展虽然有效地促进了经济发展，但国际与国内的贫富差距仍在扩大。过去的教育系统在一定程度上加剧了社会不平等，而未来全球教育治理模式应该为全体国家以及国家内部的每个公民提供优质教育，实现“社会福祉”（Societal well-being）。在此，“社会福祉”的概念已经超出了经济和物质范畴，而是面向更广泛的生存环境、生活质量、公民参与和主观幸福等方面。值得注意的是，尽管 OECD 政策陈述中的“社会福祉”包括个人和集体两个维度，但 OECD 更强调个人福祉。OECD 认为，集体福祉可以通过个人“有意识地、负责任地采取行动”[26]来实现。如“教育 2030 框架”指出，要让个人作为一个整体发展，发挥其潜力，从而参与到塑造改善个人、社区和地球福祉的未来中去。[24]

2. 注重发展学生的变革能力

OECD 一直强调，未来是不可预测的，但我们仍需要帮助学生去学习适应不确定的未来并塑造未来。数字技术的指数级发展、全球气候变化、新冠肺炎疫情大流行等趋势昭示着，未来教育不能满足于传授学生核心的知识、技能、态度和价值观，更要发展学生的变革能力。OECD 指出，变革能力具有高迁移性，能够帮助学生在意外和未知中导航。具体而言，变革能力包括三种非认知能力：其中，“创造新价值”指个人通过负责的创新行为，开发新的知识、技术和战略，在复杂情境中灵活地提出和尝试解决方案。“调和紧张和困境”指个人在合作中能够调和具有张力、甚至互相冲突的观点和立场，基于同理心、尊重和换位思考来做出决定。最后，“承担责任”意味着个人能够根据自身的经验、个人和社会目标及其所知所学来反思和评估自身的行为。[27]

3. 建构以人道主义为中心的评估指标

随着越来越多的国家参与 PISA 测试，OECD 认为有必要更新 PISA 框架以更好地满足来自不同文化背景和经济水平的国家的需求，加强 PISA 的解释力和针对性。2011 年，经合组织启动“PISA for Development”项目（PISA-D），着手开发以人道主义为导向，响应联合国可持续发展目标的测试项目。[14,20]具体表现为：（1）在规模上更包容，关照中低收入国家，让 PISA 测试惠及更多的国家和学习者。（2）在指标上能够衡量更广泛的技能和能力，尤其是非认知领域，如社会情感能力、幸福感、创造力等。OECD 指出，非认知领域的能力能够使学习者在建设宽容、民主、有凝聚力的社区中发挥更大的作用。（3）在解释力上要照顾到学校，一直到地区、国家乃至全球各个层次的教育和学习活动。

四　OECD 未来教育政策的价值演变及其实质

如上，OECD 未来教育政策的话语建构经历了“教育促进全球经济发展”和“人道主义教育实现社会福祉”两个阶段。在这一过程中，OECD未来教育政策的价值取向发生了哪些改变？在一些价值取向转变的背后又有什么被保留了下来？以下作具体分析：

（一）从“发展知识经济”到“实现可持续发展”：不变的“服务经济”

早在20世纪90年代，OECD就将其成员国的经济发展模式描述为“以知识为基础”[17][27]。在这一话语模式下，教育被视为提升国家经济竞争力的核心。“发展教育”在本质上被视为一种投资行为。相应地，未来教育政策也以“服务经济发展”为根本导向。21世纪初，OECD将指导全球教育发展作为新的主力业务，并于2002年在组织内部成立了专门的教育董事会（Directorate for Education）。由此，OECD加快了教育政策“经济化”进程。[28]与世界银行开展战略合作后，OECD开始更加关注投资教育的经济效益和最大化“投入-产出”比。或用世界银行的政策话语表述，要关注教育融资的产出。可以说，在21世纪前十年，“发展知识经济”是OECD构建未来教育政策的“社会规则系统”，体现了服务经济发展的价值导向。

不过，教育服务经济发展的政策叙事并非“一招鲜”。经济发展带来的不可再生能源消耗、环境污染，全球气候危机及伴生的社会不平等等问题引起国际社会的反思。在此背景下，OECD积极吸收了联合国“可持续发展”的未来教育政策理念。在PISA-D项目的《超越千年目标》和最新发布的“教育框架2030”系列中，“可持续发展”俨然成为了OECD构建未来教育政策的新“背景板”，而教育对经济增长的影响却几乎不再被提及。这是否意味着OECD“服务经济”的价值取向成为了历史？答案是否定的。审读OECD政策报告会发现，尽管OECD在2011年就举起“可持续发展”的旗帜，但这一概念直到2018年后才被广泛使用。与之形成对比的是，在2010年、2013年和2016年连续三版的《趋势塑造教育》中，“可持续发展”只有寥寥数语。如李和奥尔德等人分析，“可持续发展”价值取向在近5年显身一方面是因为教育服务经济已成为OECD理所当然的价值取向，不需要再特意说明；另一方面是因为OECD经济话语受到诸多质疑，亟须补充可持续叙事来加强其未来教育政策的合法性。[14]也就是说，OECD“可持续发展”的价值取向仍特指经济的可持续发展。

（二）从“生产人力资本”到“培育变革性能力”：不变的“工具主义”

在知识经济社会中，人力资本被视为促进经济繁荣、带动就业和增强社会凝聚力的关键。2012 年，OECD 通过断言技能已经成为 21 世纪的“全球货币”，构建了教育累进人力资本，人力资本推动经济发展，经济发展带来更好的教育的逻辑闭环。[29]经济发展对劳动力知识和技能的需求成为了 OECD 未来教育变革的风向标。但随着“教育服务经济”价值取向的逐渐“淡化”，“人力资本”概念在 OECD 未来教育政策中也逐渐被边缘化。2019 年发布的“学习指南 2030”中甚至没有出现“人力资本”一词，取而代之的是“知识”、“技能”、“态度”、“价值观”和“变革性能力”；其中又以“变革性能力”为高层次能力。[13]无疑，“培育变革性能力”是在“可持续发展”和“人道主义”成为全球未来教育发展共识背景下，OECD 对其政策价值取向做的调整。相较于人力资本话语强调“服务经济”，“变革性能力”更强调实现个人在未来生活的福祉。

但回溯 OECD 未来教育政策发现，“培育变革性能力”并非“生产人力资本”的价值对立面，而是一种价值取向的演进。首先，“人力资本”概念的含义相当宽泛，而 OECD 更是有意拓展人力资本概念的边界，使之包罗万象。在 OECD 看来，凡是属于知识、技能、能力、价值观等范畴的都可被视为人力资本。这意味着，“变革性能力”仍处于“人力资本”的概念范畴。其次，OECD 很早就意识到了静态的知识和技能难以满足经济发展和劳动力市场的动态需求。是以，“培养学习型人力资本”或“培育变革性能力”的价值取向都指向一种开放、灵活、具有适应性的行为特征和人格特质。最后，从 OECD 对教育的基本假设来说，不论是“生产人力资本”还是“培育变革性能力”的价值取向，都强调教育的工具价值——培养具有特定技能和品质、符合国家与社会发展需求的劳动力。相应地，OECD 未来教育政策中人的形象也始终是经济视角下的工具理性人，而非教育学所倡导的“完整的人”。[30]可见，OECD 对未来教育的想象始终为工具主义价值观所主导。

（三）从“认知能力评估”到“人道主义评估”：不变的“绩效主义”

如果说 21 世纪全球教育治理模式呈现一种“数字治理景观”，那么

OECD 无疑是最擅长利用统计数字来制定教育政策的国际组织。[31]在 21 世纪初，OECD 敏锐地把握到了新自由主义教育发展对审计制度、问责制和循证研究的需求，并推出了 PISA 这一国际教育评估系统。如前述，PISA 不仅是教育评估工具，也是 OECD 为他国提供教育政策咨询的基础。OECD 凭借统计专长和推广 PISA，建立起了基于数字和实证的全球教育治理模式。早期 PISA 测试主要关注个人在认知领域的知识和技能，例如阅读素养、数学素养、科学素养等。已有研究指出，PISA 看似在测量学生的表现，实际上是评估各国教育改革和教育管理的绩效。[32]而在现实中，也有不少国家以 PISA 成绩为标准来进行教育改革，提升国家基础教育质量。譬如德国在参与首轮 PISA 测试后因成绩不理想而对中小学教育进行了大刀阔斧的改革，并在之后实现了测评成绩的稳步增长。

2011 年后，OECD 提出扩大对非认知领域的评估。这一提议在 2018 年颁布的“教育 2030 框架”中得到了系统阐发。复原力、全球胜任力、责任感、创造力、社会情感能力、协作主体精神等方面内容被纳入评估范围。不仅如此，OECD 提出建立多层次和个性化的教育评估与监控，以满足发展中国家和个别学生的需求。PISA 框架向非认知领域的扩展体现了 OECD 未来教育政策的“人道主义转向”。但作为 OECD 的未来教育政策方案，PISA 并未改变其“绩效主义”的价值导向。这一“不变”表现在：基于数字统计的排名仍是 PISA 展现其测评结果科学性和专业性，游说各国政府接受其政策方案的首要工具。排名意味着各国教育质量有着优秀和不够优秀的区分，也意味着各国教育改革“成功”和“失败”的分野，还意味着“标杆”和“最佳实践”的存在。可见，“绩效主义”仍是 OECD 选择和构建未来教育政策，为他国提供或顾问政策方案的价值基点。

（四）从“描绘多元教育未来”到“塑造理想未来教育”：不变的“扩张主义”

自 2001 年发布第一份未来教育报告《为了未来的学校教育》起，OECD 就强调未来教育的不可预测性以及未来教育的多种可能性。在《为了未来的学校教育》中，OECD 明确表示，建构未来教育的多种图景意在说明通往未来的道路不是一条而是多条。[17]教育政策的任务是思考未来教育可能变得如何，应对教育可能的未来样态应该做到哪些方面，以及如何使理想的可能未来变得更易实现。为此，OECD 旗帜鲜明地拒绝将其未来教育政策视为“预测”、“推断”或“规范”。OECD 强调，它所提出的未来教育图景只是学校教育可能的替代方案。2020 年，OECD 出版第二份未来教育报告《回到教育未来》，并在“前言”中重申未来总是有多重版本的。OECD 指出，“趋势”系列在于激发对未来的多元思考，而“图景”系列为人们思考可能出现的教育模式提供了空间。“图景”是以战略思维思考未来教育的工具，其目的在于“激励、梦想和改变”，提升教育系统应对未来意外冲击的抗压性。[33]

需要注意的是，尽管 OECD 在 2020 年报告中仍强调只描绘而不指定教育未来，但一些政策早已悄然转向塑造组织理想中的未来教育。这一价值取向的转变首先表现在 OECD 将经济增长的放缓、环境破坏等因素归咎于地方政府和行动；而 OECD 则时刻准备扮演“救世主”，为全球教育政策制定者提供专业的咨询服务，引导各国政府走上救赎之路。[34]其次，随着 OECD 对 PISA 框架的不断更新和完善，PISA 评估结果的解释力也在不断增强。如前所述，通过排名系统，PISA 将各国教育表现分为三六九等。而这一排名和分层的前提即在于 OECD 指定了未来教育的最佳形式，并希望将之纳入全球各国的教育政策中去。套用山姆·塞拉（Sam Sellar）和鲍勃·林加德（Bob Lingard）的说法，“OECD 的教育指标现在不仅要量化［当前教育做了什么，做的如何］，还要量化［教育在未来可以成为何种形态］”。[28]至此，人们或许会说，OECD 价值取向从“描绘”未来到“塑造”未来的转变背离了组织最初的政策承诺。但事实上，不论是“描绘”还是“塑造”，OECD 一以贯之的都是扩张其组织的影响力和话语权，以期主导国际未来教育的政策循环过程。[14]这一“扩张主义”的价值取向还表现在：（1）压减教育服务经济发展的政策陈述，加重对可持续发展目标的叙述，以应对国际社会对其“服务经济”价值取向的批判；（2）淡化人力资本概念，强调“变革性能力”，以掩盖政策话语中的工具性价值取向；（3）以“人道主义”补充“认知能力”评估，来回应国际社会的需求和彰显组织在全人类事业中的努力与贡献。

五　结论与启示

基于政策考古学视角，本文揭示了 21 世纪以来 OECD 未来教育政策的话语变迁和价值演变。具体来说，OECD 未来教育政策的话语变迁分为两个阶段。在第一阶段（2000~2010 年），“教育促进全球经济发展”是 OECD 教育政策的主导话语，背后是“强调为教育援助经济增长”、“注重培养学习型人力资本”和“用统计指标引领教育改革”三种价值取向。在第二阶段（2011~2030 年），OECD 的政策话语转变为“人道主义教育实现社会福祉”，并表现出“强调未来教育面向社会福祉”、“注重发展学生变革能力”和“建构以人道主义为中心的评估指标”三种价值取向。

分析发现，随着全球经济社会的发展和自然环境的变化，以及联合国、世界银行等国际组织未来教育政策价值取向的调整，OECD 未来教育政策的价值取向也做出了相应转变，但仍坚持着特定价值立场。具体而言，在构建未来教育的“社会规则系统”层面，OECD 由注重教育的经济功能转向以可持续发展为教育目标，但“教育服务经济”的基本立场并未动摇。在想象未来教育的“可为”层面，OECD 由强调培养学习型人力资本转向注重培育变革性能力，但其工具主义教育观并未改变。在选择未来教育“政策方案”层面，OECD 从注重认知能力评估转向提倡人道主义评估，但其政策方案的价值实质仍为绩效主义所统摄。在未来教育“政策研究”层面，OECD 由主张描绘和激发多元未来教育想象转变为主动塑造理想未来教育，这一转变的背后是 OECD 一贯的“扩张主义”价值取向。

OECD 未来教育政策的价值取向和演变对我国发展未来教育至少有以下三个方面的启示：

首先是价值观层面的启示。OECD 未来教育政策所隐含的“服务经济”、“工具主义”和“绩效主义”无可厚非。作为社会的子系统，教育确有促进经济和社会发展，提升人力资本水平的工具价值和使命。同时，绩效也是发展教育的重要抓手。然而，OECD 未来教育政策长期处于“经济价值主导，教育内在价值失落”的状态。我国未来教育的发展应坚决落实“立德树人”这一根本任务，既回应国家、社会和教育本身发展的需求，也应关照学生发展的内在需求，[35]兼顾教育的经济价值和内在价值。

其次是方法层面的启示。国内外学界以及包括 OECD 在内的国际组织已经为我们探究未来教育提供了多种方法路径。例如 OECD 所采用的“趋势”和“图景”方法就为科学、系统地思考未来教育、制定教育政策提供了长期战略思维。我国未来教育发展也应立足国内和国际情势，综合利用多种方法来审思社会和自然发展对教育的要求和可能带来的冲击，以开放、灵活的态度制订应对方案，控制可能的风险。

最后是行动层面的启示。OECD 的 PISA 项目已经向国际社会展示了专业、多元和以人道主义为导向的教育评估系统对国家和地区教育发展的重要性。我国未来教育的发展或可考虑开发一套科学、动态、符合我国教育与学生发展特点和未来目标的循证评估体系，从而监测和引领国内教育发展。不过，在使用中应引 OECD 的“绩效主义”为戒。

此外，OECD 未来教育政策背后的“扩张主义”再一次提醒我们，任何国际组织和国家的政策都有着特定的意识形态和价值诉求。OECD 本质上是西方资本主义大国主导下的国际组织。通过制定与评估未来教育政策，OECD 建立起了在全球治理中“客观”、“专业”和“科学”的权威形象。但其背后却涌动着合理化和普世化资本主义教育意识形态、淡化主权政府教育事权，以市场和商业话语消解教育内在价值等意志和企图。[32]在我国，培养什么人，如何培养人始终是党和国家教育的根本问题。在百年未有之大变局中，我们必须坚持把立德树人作为教育的根本任务，培养造就中国特色社会主义事业的建设者和接班人。我国未来教育政策的研制和落实应以批判审慎的态度对待 OECD 及其他国际组织的经验。

参考文献

[1] Volante L. The PISA Effect on Global Educational Governance [M]. New York: Routledge, 2018.

[2] 张敬威、苏慧丽：《为变化的未来而教育——基于经合组织〈回到教育的未来〉报告的分析》[J]，《比较教育研究》2021 年第 43（10）期，第 12~20 页。

[3] 钟程：《幻象与否认：OECD〈回到教育的未来〉的价值取向研究——基于非工具性分析路径》[J]，《比较教育学报》2022 年第 2 期，第 47~59 页。

[4] Ydesen C, Grek S. Securing Organisational Survival: A Historical Inquiry into the OECD's Work in Education During the 1960s [J]. Paedagogica Historica, 2019, 56 (3): 412-427.

[5] Michel F. The Archaeology of Knowledge and the Discourse on Language [M]. New York: Pantheon books, 1972.

[6] Michel F. Madness and Civilization: A History of Insanity in the Age of Reason [M].

New York: Routledge, 2001.

[7] Scheurich J J. Policy Archaeology: A New Policy Studies Methodology [J] . Journal of Education Policy, 1994, 9 (4): 297-316.

[8] Ball S J. Politics and Policy - Making in Education: Explorations in Policy Sociology [M] . London: Routledge, 1990.

[9] Walton G. The Problem Trap: Implications of Policy Archaeology Methodology for Anti-Bullying Policies [J] . Journal of Education Policy, 2010, 25 (2): 135-150.

[10] 卜玉华:《当前国际社会对未来教育的四种探究进路及其启示》[J],《南京师大学报》(社会科学版) 2022 年第 3 期, 第 13~24 页。

[11] 谭维智:《将科幻作为一种教育研究范式》[J],《教育研究》2022 年第 43 (5) 期, 第 17~33 页。

[12] Bell W, Mau J A. The Sociology of the Future [M] . New York: Russell Sage Foundation, 1971.

[13] OECD. Learning Compass 2030 [J/OL] 2019, https://www.oecd.org/education/2030-project/teaching-and-learning/learning/learning-compass-2030/.

[14] Li X, Auld E. A Historical Perspective on the OECD's "Humanitarian Turn": PISA for Development and the Learning Framework 2030 [J] . Comparative Education, 2020, 56 (4): 503-521.

[15] Leimgruber M, Schmelzer M. The OECD and the International Political Economy since 1948 [M] . Cham: Palgrave Macmillan, 2017.

[16] Charmaz K. Constructing Grounded Theory [M] . 2nd ed ed. Thousand Oaks, Calif: Sage, 2014.

[17] OECD. What Schools for the Future? [M] . Paris: OECD Publishing, 2001.

[18] OECD. Trends Shaping Education 2008 [M] . Paris: OECD Publishing, 2008.

[19] OECD. Measuring Student Knowledge and Skills: A New Framework for Assessment [M] . Paris: OECD Publishing, 1999.

[20] OECD. OECD Strategy on Development [M] . Paris: OECD Publishing, 2011.

[21] UNESCO. Education 2030: Incheon Declaration and Framework for Action Towards Inclusive and Equitable Quality Education and Lifelong Learning for All [M] . Paris: UNESCO, 2015.

[22] OECD. Better Policies for 2030: An OECD Action Plan on the Sustainable Development Goals [J/OL] 2016-12-13, www.oecd.org/dac/Better%20Policies%20for%202030.pdf.

[23] OECD. Beyond the Millennium Development Goals: Towards an OECD Contribution to the Post-2015 Agenda [J/OL] 2019, https://www.oecd.org/dac/POST-2015%20Overview%20Paper.pdf.

[24] OECD. The Future of Education and Skills: Education 2030 [J] . OECD Education

Working Papers, 2018.

[25] OECD. Trends Shaping Education 2022 [M] . Paris: OECD Publishing, 2022.

[26] OECD. Anticipation - Action - Reflection Cycle for 2030 [J/OL] 2019, https://www.oecd.org/education/2030-project/teaching-and-learning/learning/aar-cycle/AAR_Cycle_concept_note.pdf.

[27] OECD. Transformative Competencies for 2030 [M] . Paris: OECD Publishing, 2019.

[28] Sellar S, Lingard B. The OECD and the Expansion of PISA: New Global Modes of Governance in Education [J] . British Educational Research Journal, 2014, 40 (6): 917-936.

[29] OECD. Better Skills, Better Jobs, Better Lives: A Strategic Approach to Skills Policies [M] . Paris: OECD Publishing, 2012.

[30] Hughson T A, Wood B E. The OECD Learning Compass 2030 and the Future of Disciplinary Learning: A Bernsteinian Critique [J] . Journal of Education Policy, 2022, 37 (4): 634-654.

[31] Woodward R. The Organisation for Economic Cooperation and Development (OECD) [M] . Abingdon: Routledge, 2004.

[32] 马健生、蔡娟:《全球教育治理渗透: OECD 教育政策的目的——基于 PISA 测试文献的批判性分析》[J],《比较教育研究》2019 年第 41 (2) 期，第 3~11 页。

[33] OECD. Back to the Future of Education: Four OECD Scenarios for Schooling [M] . Paris: OECD Publishing, 2020.

[34] Auld E, Morris P. A Neverending Story: Tracing the OECD's Evolving Narratives within a Global Development Complex [J] . Globalisation, Societies and Education, 2021, 19 (2): 183-197.

[35] 卜玉华:《探讨未来学校建设要坚持合规律性与合目的性相统一》[J],《人民教育》2022 年第 6 期，第 24~28 页。

The Discourse Construction and Value Essence of OECD's Future Education Policy in the 21st Century

Zhong Cheng

Abstract Since the 21st century, OECD has issued a series of future education policies, which have become increasing influential in global future education discourse. However, it is necessary to recognize the essence of value behind its policy discourse. Employing the perspective of policy archaeology to analyze and find: The discourse of OECD policy has transited from "promoting global economic development" to "achieving societal well-being by humanitarian education". The policy value orientation has also changed from "facilitating economic growth" to "promoting societal well-being", from "accumulating learning human capital" to "cultivating students' transformative competencies", from "cognitive competency evaluation" to "humanitarian evaluation", from "portraying the educational future" to "shaping the future of education". What remain unchanged in the above transformation are the four value positions of "serving economic development", "performancism", "instrumentalism", and "expansionism". This inspires us that the domestic future education development should combine instrumental values and intrinsic values, scientifically utilize appropriate future education research methods, value the development of an evidence-based education evaluation system and abandon performancism.

Keywords OECD; Future of Education; Discourse Change; Value Orientation; Policy Archaeology

[责任编辑：魏戈]

未来儿童素养发展

面向未来新综合性素养的教育实践

张舒予

【摘要】“面向未来”一词的语义丰富：蕴含“历史的积淀、现实的超越和前方的谋略”三个层面的内容。当人类教育历史上的“素养”概念由传统的“读写技能”、学科知识技能转向为视觉素养、信息素养和媒介素养等跨学科素养概念时，反映出当代教育对传统教育的不断拓展，同时，也显现出当代教育面临的现实挑战：学习者必备的素养似乎越来越多，而这些素养名目繁多，常常既各有侧重又彼此交集，在教育实践中既不能割裂又无法融合，使得当代教育实践难以真正实现全面发展人才培养的理想。如何通过将各类素养的个性互补和共性增强，从而融合成为综合性素养，以“知行合一”践行先进教育理念，培养全面发展的人才？这是突破教育现实瓶颈而需要深入谋划的时代命题——“面向未来”教育的探究应运而生。联合国教科文组织提出将媒介素养和信息素养融合为“媒介-信息素养”（Media and Information Literacy，MIL）。南京师范大学视觉文化研究所提出“视觉-媒介信息素养”（Visual-Media and Information Literacy，V-MIL），这是一种以视觉素养为先导并融合 MIL 的新综合性素养。V-MIL 教育理念与实践探索契合了我国倡导的学生发展核心素养的培养目标，也响应了高等教育新文科的建设要求。V-MIL 层次上超越 MIL，更加全面融合，以视觉素养为先导，在教育实践中更具有可操作性。

【关键词】视觉-媒介信息素养　视觉素养　媒介素养　信息素养　新综合性素养

【作者简介】张舒予，教授，博士生导师，南京师范大学教育科学学院视觉文化研究所（南京 210097）

一 “面向未来”教育命题：综合性素养融合培养

何谓“面向未来”？“面向未来”这个词的语义比较丰富，它既是“时间”的跨度定位：历经过去，立足当下，向未来出发；也是“视野”的拓展定位：统揽以往，纵观眼前，放眼远方；同时还应该是“目标”的更新定位：继往开来，再开新局，攀登高峰。故谈及“面向未来”，必定蕴含“历史的积淀、现实的超越和前方的谋略”三个层面的内容考量，缺一不可。

（一）目标更新定位：培养“全面发展的人”

欲探究“面向未来”的教育，自然也必须在对过去的教育和现代的教育有着深刻反思和理解总结的基础上来加以想象谋划，既要紧密呼应对人才培养的时代需求，又要有宽阔的视野和超越当下的长远谋略。

在人类教育历史上的很长阶段，“素养”概念的传统内涵是“读与写的技能”。随着社会发展与技术演进，素养内涵与时俱进不断拓展，诞生出许多新的素养名词：如文字素养、文学素养、数学素养等专注于各学科课程知识和技能的学科素养，再后来又提出超越学科局限而提升至艺术素养、科学素养、技术素养、人文素养等一般性普遍性素养，反映出教育发展对社会需求的不断映射以及对人才培养目标的调整演变。20世纪上半叶，当大众媒体流行时，为消除媒介亚文化负面效应，媒介素养概念应运而生。随着信息技术的快速发展，为帮助人们正确处理海量信息，信息素养概念的提出水到渠成。读图时代到来，视觉文化引发人们观看行为的变化，视觉素养直接影响观看与理解的质量，成为当代人必备的核心素养。进入21世纪，促进学习者适应新时代发展所需的各类新素养概念更是时有提出并不断涌现，如21世纪学习联盟（the Partnership for 21st Century Learning）提出侧重四方面素养的“21世纪学习框架”：生活与职业素养；学习与创新素养；信息、媒体与技术素养以及关键学科与21世纪主题。后简化为4C素养模型：即合作（Collaboration）、沟通（Communication）、审辨思维（Critical Thinking）和创新（Creativity）。如今4C素养又新增文化理解与传承素养（Cultural Competence）拓展为5C素养模型。[1]当代教育面临新的挑战：随着社会发展学习者必备的素养似乎越来越多，而这些名目繁多的素养常常既各有侧重又彼此交集，既不能割裂分别体现于现存的各个具体学科知识的教学目标，又无法融合从而体现于某某特定的综合性课程，曾经高调提倡的素质教育也因为缺乏这样的综合性课程支撑而常常流于形式或呈现浅层次效果，使得当代教育实践难以真正实现跨学科人才培养的理想。如何将具有共性的各类素养加以融合成为综合性素养，以培养全面发展的人？——“面向未来”的教育命题应运而生。首先，单一离散和彼此分割的知识、技能和价值观培养方式必须革新，除了改革具有严格内在体系的学科课程教学与评价目标，更重要和更困难的挑战是跨学科、跨课程的教学体系与教学资源、教学方法和评价目标的创立建设，而这种创立建设是培养学习者全面发展的能力，综合性地提升各种素养，以应对复杂多变的社会情境的重要环节。人们对素养概念的理论认知逐渐由静态解读走向动态生成、从片面化认识走向多元化理解。新的综合性素养概念呼之欲出，素养培养的实践也从单一性学科知识学习和技能型训练进入跨学科知识与多种素养融合培养探究的深水区。

如何培养具有综合性素养且全面发展的人，成为超越当下教育现实而需要深谋远虑的时代命题和教育挑战。读图时代、信息爆炸和媒介技术等一系列崭新时代特征出现和迅速发展普及，改变了人类常规教育的宏观环境与资源形态，加速了教育改革理论并付诸实践的迫切感和紧迫性。联合国教科文组织自 2005 年起倡导召集世界学者专家总结各国素养研究的理论与实践经验，创造性地提出将媒介素养和信息素养融为一体的综合素养概念，即媒介与信息素养，简称 MIL（Media and Information Literacy）。[2] 在世界各国推进 MIL 教育实践中，UNESCO 进一步强调和阐释素养是一种发展性的能力，表现为能够以互动方式调动和有道德地使用信息、数据、知识、技能、价值观、态度和技术，在 21 世纪的环境中有效地参与和行动，以实现个人、集体和全球的利益。[3]

为全面深化课程改革落实立德树人根本任务，2016 年我国教育部发布中国学生发展核心素养研究成果，提出从“文化基础、自主发展、社会参与”三方面培养“全面发展的人”，并将“文化基础、自主发展、社会参与”三方面细化分解为人文底蕴、科学精神、学会学习、健康生活、责任担当、实践创新六大素养。2018 年我国教育部启动新文科建设，推进哲学社会科学与新一轮科技革命和产业变革交叉融合，培养知中国、爱中国、堪当民族复兴大任新时代文科人才。

（二）“跨学科”“知行合一”：素养教育的路径探索

要达成培养“全面发展的人”和交叉融合性人才的目标，必须突破学科局限，以广阔视野搭建“跨学科”融合各类素养培育的平台，探究实现综合性素养教育的有效路径。南京师范大学教育科学学院视觉文化研究所的师生团队在教与学方式深度变革的背景下，紧跟时代步伐，持续探索和突破创新，自 2001 年起开始新课程《视觉文化与媒介素养》创设征程。课程定位即为跨学科的素质教育，面向全校本科生的公共博雅教育，同时面向部分专业的硕士研究生与博士研究生实施研究性教学。起先侧重于视觉素养与媒介素养的培养，在此基础上进一步探索视觉素养、信息素养与媒介素养的相互关联特性和综合性培养。教学探索第一个 10 年的成果是：2007~2009 年分别入选校级、省级和国家级精品课程；出版了教材《视觉文化与媒介素养》2011 年版（由“文本+多媒体课件+专题网站”形式构成的立体化教材）。在第二个 10 年里耕耘的教学科研结晶是：课程入选国家首批精品资源共享课，上线发布于教育部爱课程网站；先后举行两届“全国高校《视觉文化与媒介素养》课程建设研讨会”，提出“从共享到共生”的知识建构与资源开发新理念；2021 年更新出版《视觉文化与媒介素养——理论纲要与教学案例库》（新版教材以“文本+二维码资源+MOOC 网站”的形式构成）。

通过对《视觉文化与媒介素养》课程教学理念与长期实践的反思总结和提炼归纳，南京师范大学教育科学学院视觉文化研究所在理论上提出一种新的综合性素养概念：“视觉-媒介信息素养”（Visual-Media and Information Literacy，V-MIL），并在教学实践中以实证性方法探索以视觉素养为先导，同时融合信息素养与媒介素养的综合性素养培养方法。理论与实践相结合的多年教育实验证明：学生一旦养成良好的视觉素养，具有了一双主动观察与洞察本质的慧眼，将有力唤醒其主体自觉意识和独立思考能力，在此基础上，便捷的信息与媒介工具方可以发挥更强大的育人功能。《视觉文化与媒介素养》课程实施的 20 余年实践中，“跨学科”与“知行合一”，教书育人效果显著，选课学生的动脑动手交叉融合性才能勃发，文理交融多方面发展态势喜人。V-MIL 教育与国家核心素养培养和新文科建设目标不谋而合，培养路径独辟蹊径，可以成为面向未来素养教育探索可资借鉴的一个有力抓手和有效突破口。

二　媒体的延伸："现实+虚拟"构成普遍的学习生活场景

当下的教育已经广泛拓展了传统教育的边界：学习资源呈现"信息爆炸"，学习环境突破"时空局限"。信息的承载与传播离不开媒介，信息与媒介共生共长。随着现代传媒技术的迅速发展，媒介对学习与生活的渗透无孔不入。麦克卢汉的名言得到证实与认可：媒介即讯息，媒体是人体的延伸。[4]"现实+虚拟"情境已经构成当下青年人普遍的生活体验与学习场景。

（一）视觉素养：洞察"直接观看与间接观看"的矛盾表象

自从教育资源从纯粹文本教材拓展包含丰富图示、图画、影像等可视化资源后，视觉素养的重要性就脱颖而出了。在如今媒介传媒工具发达时代，视觉素养教育更是被赋予新的丰富的内涵，与媒介素养教育产生了不可分割的关联。纵观媒介的变化，超越人的视觉局限是最本质的动因。例如，摄影机的工作原理和人眼功能相似，而两者的区别在于摄影机能够记录人眼在快速运动的一瞬间所无法辨别的物象，相对于人眼的主观性、选择性来说，摄影可以客观地记录下空间中光的状态，对人类视觉有了广度和深度的超越。

考察"观看之道"，我们认识到：人类的观看需要一定的条件，同时还具有很多局限。人观看的视野和距离受到视觉感官生理特点的局限，时空局限也决定了人并不总能亲临现场身临其境地"直接观看"。因此，借助于他人之眼和媒体进行辅助的"间接观看"就成为了观看的常态。随着传播媒介与传播技术的发展，人们通过"间接观看"而获取信息的比例远远大于通过"直接观看"而获取的信息。

借助于他人的眼睛和借助于媒体辅助的"间接观看"对我们的观看可能产生哪些影响？比如，摄影师、照相机与影像作品之间有什么关联？摄影师如何决定影像作品的创作？我们不难发现：摄影师在使用特定媒介工具照相机进行观看的状态下，通过拍摄完成了影像作品的制作，实现了他的自我言说。我们还需要更深入地探讨：摄影师、照相机与影像作品如何影响大众读者的观看？读者通过影像作品进行"间接观看"的效果与身临其境的"直接观看"的效果一样吗？不同之处在哪里？总之，视觉素养教育有益于培养拨开认知迷雾直击"直接观看与间接观看"矛盾表象的洞察力。

通过对这些问题的思考探究，启迪我们从一个新颖的视角发现一个极其广阔而有趣的研究空间：即视觉素养与媒介素养交集的空间。看，原本就不简单，加上媒介因素的影响，就变得更加复杂。探究观看与媒介之间关系的名词术语有很多：如图像素养、屏幕教育、影视素养、媒介批评等，这些名词从不同的侧面反映了媒介技术的演进更新，也从不同的角度体现了人们对媒介认知程度的不断拓展。这些和媒介相关的素养都可以归为媒介素养的范畴，媒介素养的概念成为一种多含义、多角度和多层面的概念。

（二）媒介世界：将真实与虚拟融为一体的第三空间

媒介发展使得视觉影像的“真实性”受到挑战，世界通过视觉机器被编码成图像，而我们有时还要借助机器获得有关世界的视觉经验，比如电影、电视和互联网。在看的行为、图像与机器之间存在着复杂的关系：当代电子数字技术正给我们创造着一个人工视觉环境，我们的看不再面对自然实物，而是通过电子媒介，这是读图时代“看”的特性。虚拟现实的发展，图像逼真度和清晰度已可以假乱真，把人们带入实际并不存在却又感觉如此真实的空间。数字技术正在向人们显示无所不能的力量，它向外扩及无限的宇宙空间，向内深入到细微的潜意识变化。

媒介技术的发展对于人类视觉体验的改变还体现在对时间和空间两方面的拓展。从时间的角度来看，媒介情境中的时间可以不再遵循物理时间，而可以是被图像操作的时间。时间在媒介文本中被压缩、扩展、延续，形成叙事时间，实现了对现实时间的重构。媒介延续了时间，赋予时间一种价值。它扭转了时间的不可逆性，打乱了时间，使时间由原来转瞬即逝、不可挽回的事实而变成一种完全不受外界束缚、充分自由的现实存在。

从空间的角度来看，媒介也在创造着不同的视觉空间：由于人化环境影响而产生了第三空间，一个“真实的和想象的、具体的和抽象的、实在的和隐喻的”交融空间，[5]给人们带来视觉诱惑与困惑，视觉素养的传统内涵出现巨大变数。我们当下的视觉空间越来越具有第三空间的特点。

视觉素养的培养，可以有益于我们直接洞察“直接观看与间接观看”的矛盾表象，锤炼具有独立思考和批判的精神，成为“从眼睛到心灵”“透过现象看本质”善于感知和直觉的人。

三　素养教育向综合性素养教育的转型

媒介环境随着科技进步发生巨大变革，传统媒介面临调整，新的媒介形态层出不穷。数字技术的广泛应用、互联网技术的迅猛发展，使得各种媒介之间打破壁垒，形成相互融合的局面。这种局面已不仅仅是媒介研究者关注的焦点，也是国家在战略领导层面重要部署时所需要审视的环境条件。面对中国学生核心素养培养与新文科建设的人才培养要求，传统的素养教育体系、人才培养模式也面临重大变革。因此，重新探讨当前语境中的素养教育创新更具有时代感。

以往学术界对于媒介素养教育、信息素养教育、视觉素养教育三者的研究是割裂的，新闻传播界讨论媒介素养教育，教育技术界讨论信息素养教育，艺术教育界重视视觉素养教育。在当前媒介融合语境中有没有将三者结合起来研究的可能性？我们的回答是肯定的。

（一）媒介素养、信息素养与视觉素养相互交集

“媒介”与“信息”从来都不可分割。信息不可能脱离媒介而存在，同时，没有一种媒介能够独立存在。“任何媒介的‘内容’都是另一种媒介”，“媒介即信息”。这种媒介观的实质已经包含“媒介融合”的思想，媒介素养与信息素养也无法截然分割。联合国教科文组织提出将媒介素养与信息素养融合培养的 MIL，使得媒介素养教育与信息素养教育融合的理论性与实践性得到一定的验证。

“‘媒介素养’与‘视觉文化’研究密不可分。媒介文化中视觉转向的确立是媒介素养教育得以开展的背景条件，从这个意义上讲视觉文化的形成是媒介素养教育发展的社会动因。”[6]媒介融合发展迅速，一方面新兴媒体技术不断创造新的信息传播环境；另一方面，传统媒体必须衍生新形式，网络视频传输技术以及视频网站的发展，推动了在线收视的成长，实现了对广播和报纸的超越。教育领域中由于突发事件的应急要求，在线教育也得以发展，不断成熟，满足学习者在家完成学习任务。

媒介素养、信息素养与视觉素养的内涵既各有特色同时又发生相互交

集。媒介融合的当代文化与生存语境从本质上催生媒介素养、信息素养、视觉素养教育融会贯通的可能性，加大了素养教育创新的紧迫性。

（二）媒介融合的时代背景催生素养教育的转型

媒介融合是将原先属于不同类型的媒介结合在一起，各种媒介呈现多功能一体化的发展趋势。最发人深思的难题是：从原本注重以文字媒介为中介的传播形式向重视图像和实时互动的传播形式转移的重大改观，将对素养教育产生什么样的质的影响？素养教育的内涵和使命都需要做出调整和改变。

媒介融合必然带来媒介技能学习、创新意识培养和素养教育体制改革等问题。在当前背景中的媒介素养培养，除了需要包括一般媒介技能的普及之外，还应使受教育者掌握其他相关知识，诸如理解媒介信息在全球信息资源中的性质和作用；理解媒介信息在社会整体进步和个性生活方面的功能；理解媒介信息运行的体制、管理和渠道；理解媒介的网络化传播过程中的法律、法规和自律原则等。同时也能够使受教育者主动自觉地抵制一些负面作用，如由信息超载造成的“信息综合症”以及“迷航”“沉湎”等网络心理与道德问题，甚至网络犯罪等。显然，要达到使公众获得比较全面的媒介素养的目标，必然包括视觉素养和信息素养的培养。在深层次上，素养教育应当是媒介素养教育、视觉素养教育与信息素养教育的相互统一。

从受众接受与认知的角度出发，人们接触的媒介类型主要是视觉媒介。媒介融合时代的受众、素养教育的受教育者更注重互联网思维和交互体验。因此素养教育的方式正在发生视觉的转向，转向追求视觉方式下认知效率的提高。联合国教科文组织国际教育发展委员会 1972 年发表《学会生存——世界教育发展的今天和明天》中指出：“通过图像进行交流，已经发展到空前的规模。今天，图像无论作为知觉的媒介物，或者作为娱乐，或者作为科学研究的工具，在文化经验的各个阶段上，都表现了出来。”[7] 自 20 世纪 80 年代以来，视觉文化一跃成为当代的强势文化。全球范围内媒介传播的显著特点是视觉在媒介内容表达中的作用日益突出，大众媒介实质上已成为视觉文化的载体。伴随符号学研究的兴起，媒介素养教育多采取“表征范式”，媒介传播的内容也多通过符号来表达。而读图时代的符号大多是图像符号、视觉符号。通过视觉符号理解信息、解读内涵成为媒介素养培养的有效途径。因此，媒介素养教育过程中一直伴随着视觉文化的影响。媒介融合时代的到来为“视觉素养”和“媒介素养”赋予了新的时代意义。素养教育也具有了更多重的使命和更丰富的内涵。

媒介素养、信息素养与视觉素养三者的融合并不能代表综合性素养教育的全貌，但一定是综合性素养教育极其重要的一种类型：可以面向所有的学科，适合所有人发展需要的基础性素养教育。

四 V-MIL：以视觉素养为先导的新综合性素养

当今的信息通过文字、图像和声音等多种媒介的组合以强势的力量传递给我们。这些媒体信息需要用多重感官去理解，从而影响我们的思考和感觉的行为方式。了解媒体的潜能、影响与局限性所在，需要具备批判性思维技能。对受众而言，需要更广泛的媒介素养来帮助理解所接受的信息；对传播者而言，需要更广泛的媒介素养来支持有效地利用媒介工具来设计和传播信息。媒介技术拓展着视觉素养的内涵，媒介技术也催生了媒介素养的需求。有关“视觉性”把握世界的方式与对这个世界的理解互相交融彼此相关，将视觉素养与媒介素养的培养紧紧地结合在一起。

（一）视觉素养新内涵：透视媒介的慧眼

读图时代来临，视觉素养成为大众基本素养。国际视觉素养协会引用的戴布斯[8]的视觉素养定义是：视觉素养是人类通过观看以及结合其他感官体验发展出的一种综合的视觉能力，这是人类认知发展的先决条件之一。对于什么是视觉素养，学者们从各自的角度提出了他们的看法：视觉素养是“阅读”并理解所看到信息的能力以及产生能被看到并被理解的材料的能力；[9]视觉素养是通过视觉基本要素理解形象的意义和成分的能力；[10]视觉素养是通过视觉分析技能和视觉创作技能来应用视觉思维。[11]笔者认为，视觉素养是一种主要经由视知觉获取信息、借助信息工具表达信息和使用媒介传播信息，并能够对一切媒介所产生和传递的信息进行分析、选择和评价的能力。视觉素养是人类通过观看以及结合其他感官体验发展出的一种综合的能力，是人类认知发展的先决条件，应成为培养学生发展核心素养的切入口和有力抓手。

视觉素养概念是个复杂而多元的概念，主要包括视觉思维、视觉交流和视觉学习三部分。

一是视觉思维，它是指经过视觉感知的物理过程，将思想、观念和信息转换成各种有助于传递相互联系信息的图画、图形或形象。心理学、物理学对此关注得较多，比如心理学上的双重编码理论认为，在信息的贮存、加工与提取中，语言与视觉信息的加工过程是同样重要的。

二是视觉交流，它是指当图画、图形和其他形象用于表达观念或传授给人们时，为使视觉交流有效，接受者应能从所看到的视觉形象中建构意义。传播学、符号学、文化人类学对此颇为关注。个人的、社会经济的以及文化的差异对每个个体感知和理解视觉形象有不同的影响，因此视觉交流是个颇为复杂的问题。

三是视觉学习，它是指从视觉感知到认知的过程。视觉学习是学习者通过理解视觉形象而建构知识的过程。真正具备视觉素养的人会观察、认识和表达视觉语言，并会对视觉信息进行评价，运用正确的智力策略理解所看到的事物。教育类学科对此研究颇多，认为视觉材料主要包括图表、图形、示意图、地图、线描、照片以及各类形象等。人们可从图书、杂志、电影、电视、计算机屏幕、符号甚至体态等语言中获取丰富的信息。

媒介素养与视觉素养在各自的基本功能领域拥有相同的元素，尤其是都关注信息的建构过程，但涉及的范围仍有很多不同。媒介素养高度重视大众媒介，包括电视、报纸、杂志和电影，这些媒介本质上是视觉性的。但严格意义上讲大众媒介还包括广播和录音磁带，这些已经超出了视觉经验的范畴。同时视觉媒介包括艺术作品、建筑、身体语言以及许多其他在自然情境下能够直观的形象。因此视觉素养的焦点多关注以象征性符号为基础的信息。

所以视觉素养是对视觉信息的解读、应用、创作和交流的能力。视觉素养综合了视觉观察、视觉理解和视觉创造的内在修养与外在表现，是一种综合性的素养。视觉素养的培养应当与媒介素养、信息素养结合起来进行，探索出更为有效的 V-MIL（Visual-Media and Information Literacy）培养策略。

（二）V-MIL 是以视觉素养为先导的新综合性素养

南京师范大学教育科学学院视觉文化研究所在“视觉文化与媒介素养”课程多年的实践深耕和理论反思基础上，创造性地提出“视觉-媒介与信息素养”概念（V-MIL）并付诸于教育实践。视觉文化研究所对V-MIL作出如下定义：V-MIL是视觉素养、媒介素养、信息素养的有机融合，是一种新综合性素养，指利用视觉感知信息，培养一种以视觉感知为起点，借助信息工具理解与生成信息、使用媒介传播信息，并对媒介所产生和传递的信息进行分析、选择、评价和创建的能力。[12]

新综合性素养V-MIL，以视觉素养为先导，有机和自觉融媒介素养和信息素养为一体，既是在内涵上对MIL的丰富与超越，也是在素养生成机理上对分割的素养培养的突破与多种素养的深度融合。V-MIL的提出及其价值主要体现在以下几个方面。

第一，从单一性技能型训练进入综合性素养培养。对媒介素养、信息素养、视觉素养发展历程进行梳理，可以发现，为适应社会发展，不同的素养分别在特定的历史时期被提出，素养培养与时代发展需求紧密相连，符合时代发展对人的素养的新要求。然而面对信息激增和媒介多元化的发展态势，单一素养已不能独立适应和胜任发展之需，各个素养之间的关系日益紧密，互相渗透、相互贯通，V-MIL的提出突破了单一性技能型训练局限，进入融合生成综合性素养培养阶段。学习者新综合性素养的培养，有利于在媒介融合时代更好地解读各类媒介信息、应对媒介信息问题。

第二，由关注外部媒体延伸回归至人的内在本体意识。媒介素养、信息素养、视觉素养的理念内核具有趋同性，走向融会贯通是必然趋势。从传播学的视角来看，一个传播过程包括传播者、传播讯息、传播媒介、受传者和传播效果。在媒介融合背景下，视觉信息日益丰富、共享、开放，媒介素养、信息素养、视觉素养在信息传播过程中缺一不可，具备三种素养才能保证传播过程的完整。多种素养内涵逐渐趋同化——回归主体本身，其培养方式不断融合，新综合性素养多维度彰显人作为主体对素养培养的新要求。

第三，以视觉素养为先导，将学习与生活的分割状态转入可自然融合的状态。当今人类观看行为方式及其体验认知效果在信息技术与媒介环境普及的时代背景下发生显著变化并面临巨大挑战：无须亲临现场，海量信息涌至，真实虚拟相融，主观客观难辨。媒介延伸了人的视觉，看得更远知道得更多，却未必能够明辨是非洞察真相。视觉素养是人类通过观看以及结合其他感官体验发展出的一种综合能力，这是人类认知发展的先决条件之一。视觉素养一马当先，是切入口和有力抓手，MIL紧随其后，打开三种素养融合培养的途径。以视觉素养为先导的 V-MIL 培养，使得学习者能够主动地观察、理解和处理，由表及里，综合多种因素，形成自己独特的见解，从而享受学习与生活，提升学习与生活品质。

第四，使良好的视觉素养成为受教育者的成才起点。视觉信息的传者和受者决定了视觉传播的效果。传者需要借助恰当的媒介来创造和传播对受者有价值的视觉信息。而受者则需要增强主动认识、获取视觉媒介信息的能力，并具有批判思维，对视觉媒介信息进行解读。传者和受者共同努力，才能建立有效的视觉传播过程。在媒介融合的背景下，传者与受者也不再是简单的单向传播关系，受者向传者的反馈机制得以加强，而受者自身也具有强大的媒介信息创造与传播能力。因此，V-MIL 新综合性素养的培养是一条提高传者与受者视觉素养、媒介素养、信息素养的有效途径，是受教育者成才的起点。

五　新综合性素养 V-MIL“知行合一”的融合教育实践

V-MIL 教育为什么要以视觉素养为先导？V-MIL 教育以视觉素养为先导，是针对“现实+虚拟”情境已经构成当下青年人普遍的生活体验与学习场景这种现实背景的量体裁衣的设计：视觉素养一马当先，媒介素养和信息素养相继而上，促进知行合一融会贯通，有效实现 V-MIL 综合性素养自然养成。

V-MIL 培养是一个逐步提高的过程，VMIL 理念在教育活动中的具体实施包括对视觉符号进行视觉解读训练、视觉解读训练中的信息素养培养和视觉表征训练中的媒介素养培养等综合训练与培育过程。

（一）对视觉符号进行视觉解读训练

符号是人类创造的信息载体，也是大众传播的媒介载体，是文化的体现。可以说，人类所创造的一切文化，都是通过不同的符号方式呈现的。事实上，人类所有的思维活动和信息交流的进行，都以符号为基础。符号文化学代表人物卡西尔（Cassirer）说：人的本质乃在于“符号活动”，其外化与实现即为文化结晶。文化形成的过程也就是人自身的创造过程。文化的本质与人的符号性本质是同一的。[13]我们生活在符号的世界里，而且生活在处处都是符号的世界里，对这种处境的日益增长的意识已经使现代人的视野发生了急剧的变化。[14]瑞士语言学家索绪尔（Saussure）指出：语言是“表达概念的符号系统”，是“一种形式而不是实质”。[15]他对语言的形式进行结构分析，采用“符号”这个更具普遍性的术语替代语言学中的“语词”。他提出符号是由“能指”和“所指”两部分构成，由此确立了符号学的基本理论。“符号”这个概念同时被赋予了哲学和科学的意义，自此，符号学的研究超越了语言学的局限，可应用于一般性的任何表意系统。

任何类型的文化作品都有其外在结构样式和所表达的内容与意义。借用索绪尔结构主义符号学的概念术语，将作品的外显称为“能指”，将作品的内涵称为“所指”（见图 1）。不同类型的符号具有不同的结构特征，划分符号类型的重要特征之一就是能指与所指之间的相似度差异。抽象程度很高的符号本身并不直接反映所表达内容的典型视觉特征，能指和所指之间不存在任何相似性，其指代关系往往是人为规定的。在这种情况下，仅仅通过观看是难以明白的，只有学习这些人为规定的人方可解读。从文本符号的结构方式来说：能指与所指迥然相异，二者之间的关系属人为约定。识字就是了解与接受这种人为约定，不了解与未接受这种人为约定便不识此字。不识字者无法由字的外显能指得知字的意义所指。

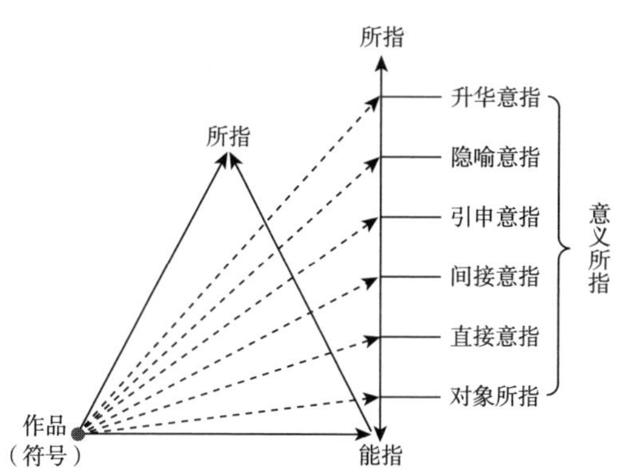

图 1　符号的能指与所指及意义层次

视觉符号作为符号世界的重要组成，是指那些通过人的视觉可以被直接感知的符号。视觉符号的结构特征是：能指与所指具有高度相似性，代表与被代表者之间的关系具有直观性。笔者“将以图像符号为构成元素、以视知觉可以感知的样式为外在表现形态的文化统称为视觉文化”。[16]凡是人们可以通过视知觉感受而直接获取信息与解读意义的文化样式都可以纳入视觉文化的范畴。这就是说，视觉文化不止是艺术，视觉文化的内容超越视觉艺术的内容，要更广泛得多，视觉文化是一种以感性的具有某种相似性或象征性的视觉符号为主要外在表现形态的文化。视觉符号与文本符号相比，有着不同的结构方式，因而具有相异的功能机制。认识到这些，有益于接受者从根本上提高视觉素养，更自觉能动而深刻地理解各种视觉作品的同时，提高信息素养。

（二）通过视觉解读训练提升信息素养

接受者通过视觉解读训练，对视觉符号分别进行短时间瞬间的“看”与长时间凝神观察的观看活动，体会、区分浅层次观看与深层次观看的差别，训练对观看对象的外显与内涵的解读能力、符号能指与所指之间的理解能力。培养视觉素养，真正体验从“看见”到“看懂”的跃迁，理解透过现象看本质的过程所需要的条件，发现和建立事物之间许多的内在关联，从而有效地提升信息素养。因此，视觉解读训练培养透过现象看本质的能力，有利于信息素养的培养，是关键的训练。不同的现象映射到不同人的眼中时，可能导致对现象背后“本质”的不同认识。现象是客观存在的，但“看懂”却是人对现象背后本质的主观判断的结果。不同的视野、经验、角度和手段，都会影响人们得出不同的结论。不同的人对于“现象”的不同解读，才有了“见仁见智”“情人眼里出西施”等这些生动的成语典故。针对视觉解读训练中的信息素养培养，可以采用“What-How-Why 三步走”的策略，恰当发挥视觉思维的作用，采用视觉术语来定义或描述自己的视觉实践行为，培养分析、理解、批判以及综合的能力。[17]第一步 What，采取口头表达、文字记录或绘制图示的方法回忆与描述自己“看见了什么”；第二步 How，分析“看懂了什么”，“是怎样看懂的”；第三步 Why，在前两步的基础上进行反思，从有意识和有选择的“看”，到反思自己“在怎样观看”，通过完整的自觉意识下的“视觉解读”活动，深刻解析“观看的方法”与“观看的效果”之间的关系，做到“知其然，知其所以然”。这是一种“形而上”的抽象意义层面上的思维。[18]

对于接受者来说，视觉素养的提升常常是基于一种“透过现象看本质”

的洞察。它源于直接感知，因而具有探索性；它运用视觉意象操作而有利于发挥想象的作用，因而具有灵活性；它便于产生顿悟或诱导直觉即唤醒主体的“无意识心理”，因而具有现实性。唤醒主体的无意识心理有利于打通主体的自觉意识和无意识心理之间的屏障，从而使“无意识体验”能迅速转化为可由自觉意识加以利用的有效知识。视觉作品能强烈倾诉人类情感，也能表达深刻的思想和抽象的理念。视觉思维的方式可能成为未来非常重要的开掘人类潜能的方式。文字有了几千年发展的历史，在这一过程中，人们形成了对于文字的一种理解力。而视觉图像是正在发展中的一种表述方式，代表着传播方式的变革，它将通过发展和积累来赢得人们的认同和欢迎。当然，这种思维方式作为大众的思维方式发展的时间尚短，还未能够培养出懂得那么多视觉语言和善于进行视觉思维的大众。视觉联想能力是由观者的视觉经验而决定的联想能力。比如有人看见某一图形或形象，便能联想到相似的或者相反的图形或形象，有人则不能。有人能将破碎的、局部的图形联结起来，运用联想看到完整的、有意义的图示，获得“透过现象看本质”或者“见微知著”的解读效果，有人却不能。缺乏视觉经验和良好视觉素养的人，即使面对“美如画的江山”也可能熟视无睹，心无所动。因此，将建筑、音乐、文学、绘画、城市设计等门类打通，获得对生存世界的整体感，需要激发想象力与创造力。所以，大众传媒还需要时间来逐步提升人们的视觉素养和读图能力，培养更多高品位、有思想的视觉文化受众。

视觉素养培育慧眼，帮助受众从对事物表面的感性认识上升到对其深层意义的理性思考与解读，实现从眼睛到心灵的跃迁。如图 2 所示的“形而上下——心灵望远”视觉表征作品正是“视觉文化与媒介素养”课程的学生作业。这幅作品充分展现了学生对观看者“心灵望远”的心路历程的深刻理解与形象表达的能力。从观看符号对象“器物”层面的具体能指的形而下外显，视觉感知“表面-个性-特殊-感性-客观”的特征，由眼睛的“看见”深入到心灵的触动，引发观看者对“主观-理性-普遍-一般-深层”等形而上内涵的深刻理解，实现“从眼睛到心灵的跃迁”，达到“看懂”乃至“看好”的境界。

视觉素养培养从学习者的观察行为改变和理解质量提升入手，唤醒主动观察世界的自觉意识，激发深度理解世界的思考，自身潜力得到解放，获得

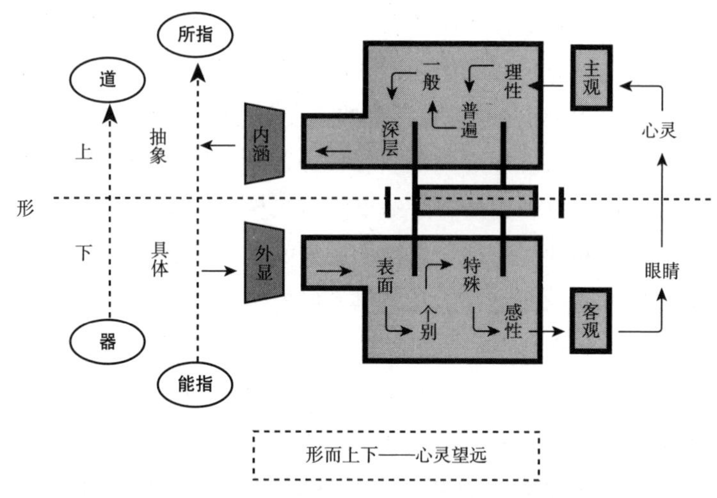

图 2　学生解读符号功能的课程作业

创新表达能力，呈现出良好成长状态：生活就是学习，观看就是思考，理解就是成长，表达就是奉献！

（三）视觉表征训练中的媒介素养培养

视觉素养的培养不仅仅面向视觉信息的接受者，更应从创作者、生产者、传播者和接受者等多个层面入手，进行整体性的建构。视觉表征训练是视觉素养培养领先从而实现 V-MIL 综合提升的重要环节。任何类型的学习信息素材必须被有效地设计成可读性强并富有教育启迪价值的学习资源才会产生好的育人效果。在漫长的人类文明史中，人们运用视觉表征，将学习资源转译开发成可视化的图形图像，以之作为承载媒介，有效促进知识传播和创新。我国一些古代的教材就蕴含着借用图像表达知识的思想，其中最常见的是图画式教材。明朝的《蒙养图说》和清朝的《字课图说》等典型教材都应用了生动形象的图文结合知识呈现方式。视觉作品的肖似图像作为能指符号可以使得“对象所指”一目了然，但是对抽象的“意义所指”的解读却具有多样性和不确定性，如图 1 中所揭示的符号所指意义层次图，包括直接所指、间接所指、隐喻所指等多层次意义，可否达到高水平的解读，取决于读者的视觉素养。作品可否具有丰富内涵与深刻意义则取决于创作者的视觉表征水准。

应用视觉表征，促进媒介素养培养，在培育人才的同时促进先进文化与传统文化的传播和创新是一个新兴的研究领域，亟待开拓。南京师范大学教育科学学院视觉文化研究所《视觉文化与媒介素养》课程的完整视觉表征训练过程主要包括相辅相成的几部分：解读生活家园、理解精神家园、设计表达作品和传播交流沟通：首先，引领学生从对生活家园的视觉解读入手，由衣食住行中获得丰富体验；其次，“由器而道”提升为对精神家园的理性认识；再次，从“视觉”观察体验延伸到思考理解至精神升华，激发创作激情到对作品的意义建构、视觉表征设计与运用媒介表达；最后，在学习平台发布作品，开展课堂讨论与作品鉴赏交流沟通。如此，完成观察现象、揭示本质、体现价值、表达观点的一个完整的由浅入深理解、由繁至简凝练表达的 V-MIL 综合训练过程。

以学生运用媒介工具创作关于“太极”的视觉表征的课程作品为例（见图 3），作者借鉴运用了意义所指层次图的创意，表达他自己所理解的“太极”具有的多层涵义：其直接意指是指事物都有阴阳两个方面、两种力量，间接意指是指世界上没有绝对的纯阴和纯阳，引申意指是指事物的性质，主要由占据支配地位的矛盾的主要方面所决定，隐喻意指是指事物总会发生从量变到质变的过程，升华意指是指阴阳在一定条件下达到统一，形成博大精深的中国传统文化。

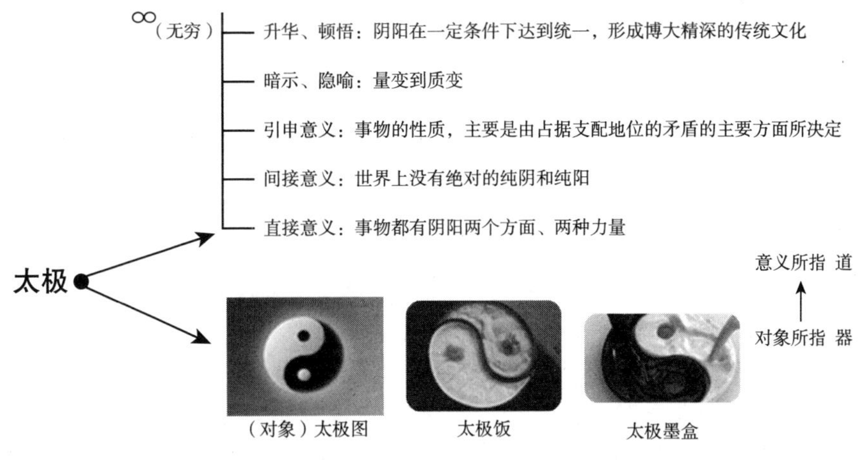

图 3　“太极”的视觉表征——“视觉文化与媒介素养”课程学生作品

媒介融合的大背景为人类社会发展与人才培养提供了崭新的契机，也对素养教育构成新的挑战与机遇。以“融合”应对“融合”，V-MIL 培养模式将视觉素养、媒介素养与信息素养有机融合的探索，是对当前素养融合培养需求时代背景的回应，也是在课程建设长期积累基础上对综合性素养的一种视角新颖的理论建构与独到阐释，对培养对象“人”给予更高的关注度，将素养培养回归至学习者的内在本体意识唤醒，激励学习者自觉将学习与生活的分割状态转入可自然融合的状态，主动开拓落实“全面发展”的空间，促进学习者理论联系实践学以致用的能力和举一反三的创新思维，在视觉素养、媒介素养、信息素养融会贯通的基础上实现综合性素养的提升。V-MIL 培养模式将为当代媒介融合语境中的综合素养教育创新提供一种可能的借鉴。

参考文献

[1] [美] 大卫·罗斯:《致辞：从“4C”到“5C”——祝贺“21 世纪核心素养 5C 模型”发布》[J],《华东师范大学学报》(教育科学版), 2020 年第 2 期, 第 19 页。

[2] UNESCO. (2010) . Towards media and information literacy indicators [EB/OL] . https://www.ifla.org/files/assets/information-literacy/publications/towards-media-and-Information-literacy-indicators.pdf.

[3] IBE-UNESCO. (2019) . Future competences and the future of curriculum: A global reference for curriculum transformation [EB/OL] . http://www.ibe.unesco.org/en/news/future-competences-and-future-curriculum-global-reference-curriculum-transformation.

[4] [加] 马歇尔·麦克卢汉:《理解媒介：论人的延伸》[M], 北京：商务印书馆, 2000。

[5] [美] 索杰:《第三空间：去往洛杉矶和其他真实和想象地方的旅程》[M], 上海：上海教育出版社, 2005。

[6] 王帆:《视觉文化为导向的媒介素养教育：超越保护主义》[J],《中国电化教育》2011 年第 9 期, 第 9~13 页。

[7] 联合国教科文组织国际教育发展委员会:《学会生存：教育世界的今天和明天》[M], 北京：教育科学出版社, 1997。

[8] Debes, J. L. (1969) . The loom of visual literacy: An overview [J] . Audiovisual Instruction, 14 (8): 25-27.

[9] William, H. (1992) . Visual thinking and creativity [M] . Arlington: Technical Communication.

[10] Thomas, C. C. (1999) . The New Educational Technologies and Learning [M] . Springfield IL: Publisher LTD.

[11] Debes, J. L. (1970) . "The Loom of Visual Literacy: An Overview in Williams" . The Proceedings of the First National Conference on Visual Literacy. New York: Pitman.

[12] 周灵、张舒予:《媒介融合语境中的媒介素养教育创新》[J],《教育发展研究》2015年第35(Z1)期,第61~66期。

[13] 王国炎、汤忠钢:《"文化"概念界说新论》[J],《南昌大学学报》(人文社会科学版)2003年第2期,第72-75+100页。

[14] [英] 特伦斯·霍克斯:《结构主义和符号学》[M],瞿铁鹏译,上海:上海译文出版社,1997。

[15] [瑞士] 费迪南·德·索绪尔:《普通语言学教程)[M],高名凯译,北京:商务印书馆,1980。

[16] 张舒予:《视觉文化概论》[M],南京:江苏人民出版社,2003。

[17] 张舒予:《"视觉文化与媒介素养"课程核心理念与教学设计》[J],《现代远程教育研究》2012年第2期,第38~43页。

[18] 张舒予:《视觉文化与媒介素养》[M],南京:南京师范大学出版社,2011。

Face to Future: Concept Proposal and Practice of a New Comprehensive Literacy

Zhang Shuyu

Abstract Information literacy, media literacy and visual literacy are the essential basic literacies for contemporary learners. These literacies have their own focus. How to integrate them to cultivate all-round development people is the proposition of times and the challenges of education. UNESCO put forward "Media and Information Literacy" (MIL) to integrate media literacy and information literacy. The Institute of Visual Culture of Nanjing Normal University proposed that "Visual – Media Information Literacy" (V – MIL) is a new comprehensive literacy which takes visual literacy as the forerunner and integrates MIL. The educational philosophy and practical exploration of VMIL not only meet the cultivation goal of developing students' core literacy advocated by the curriculum reform of basic education in China, but also respond to the requirements of the construction of new liberal arts in higher education. V-MIL goes beyond MIL, and is more comprehensively integrated. It is guided by visual literacy, which is more operable in educational practice.

Keywords V-MIL; Visual literacy; Media literacy; Information literacy; New Comprehensive literacy

［责任编辑：欧璐莎］

未来教育信息技术

高质量发展格局下教育数字化转型的创新路径研究

祝智庭　胡　姣

【摘要】数字技术蕴含巨大的变革潜能，推动着整个社会的数字化转型。教育数字化转型已经发展成为重塑教育业态的有效途径，是构建教育高质量发展格局的必然选择。本研究首先阐述了数字化转型现象，剖析了教育数字化转型的内涵；其次，在高质量发展格局下，探讨了教育数字化转型的作用和意义；最后阐述了教育数字化转型的实践逻辑，其遵循"问题驱动+理念引领"、"系统进化+创新突破"和"价值评估+迭代优化"的实践原则，而教育数字化转型符合教育系统发展客观规律的同时，一味追求新技术使用、数字化布局老化、缺乏教育数字化转型战略、"数据孤岛"和"技术限制"等挑战犹在，制约着教育数字化转型的推进进程。因此，需要从点、线、面三个方面出发，为迎接教育数字化转型发展做好准备，以推进教育数字化转型战略的落地与实践。

【关键词】教育数字化转型　高质量　发展格局　创新路径

【作者简介】祝智庭，华东师范大学开放教育学院（上海 200062）；胡姣，华东师范大学教育信息技术系（上海 200062）。

一　引言

2020 年 10 月，党的十九届五中全会指出，"我国已转向高质量发展阶段”，强调必须推动社会、经济、文化、生态等各领域的高质量发展，提出“十四五”时期要建设高质量教育体系。2021 年 3 月，政府工作报告指出“要准确把握新发展阶段，深入贯彻新发展理念，加快构建新发展格局，推动高质量发展，为全面建设社会主义现代化国家开好局起好步”，可见，我国正全面构建高质量发展新格局。“十四五”规划纲要也对建设高质量教育体系作出了全面部署。“十四五”规划纲要进一步强调“加快数字化发展建设数字中国迎接数字时代，激活数据要素潜能，推进网络强国建设，加快建设数字经济、数字社会、数字政府，以数字化转型整体驱动生产方式、生活方式和治理方式变革”。[1]一定程度上高质量发展格局为进一步推进教育数字化转型带来了机遇。

在高质量发展格局下，传统的教育产品、教育流程、教育模式等无法满足高质量教育体系建设的目标要求，必须利用数字技术来创新和变革教育业态。随着以人工智能为代表的数字技术的发展，社会各行各业开始进入数字化转型时期，数字化转型浪潮裹挟着教育进行数字化转型，并形成了以数字技术促进高质量教育发展的新共识。相信在不远的未来，教育必将迎来一场系统性的数字化革命。然而，数字技术蕴含巨大的变革潜能，但我们还没有找到将技术潜力化为现实的路径[2]。基于此，本研究拟围绕教育数字化转型的基本概念、意义和逻辑等，探索高质量发展格局下教育数字化转型的创新路径。

二　教育数字化转型的基本概述

（一）数字化转型的现象观察

1. 各国发展战略中的数字化转型现象

数字技术是新一轮科技革命的核心，全球范围内教育正在发生一系列变革，数字革命对全球的影响范围呈指数增长，数字驱动变革与发展已经成为世界性的主题。对此，世界各个国家、组织纷纷加大了数字化转型的探索和竞争，并通过推动教育数字化转型来抢占“数字化高地”。推动教育数字化转型已然成为国际共识。美国、英国、俄罗斯、日本、印度以及欧盟等国家和国际组织陆续出台了相关国家数字战略，在教育政策方面更是关注数字素养、AI人才储备等人才计划、数字资源和基础设施。例如，2020年9月，联合国教科文组织、国际电信联盟和联合国儿童基金会联合发布了《教育数字化转型：学校联通，学生赋能》；同年，欧盟发布了《数字教育行动计划（2021-2027年）》。我国在推进技术与教育深度融合方面，也发布了一系列数字化战略和计划，以实现教学过程创新、培养模式变革、治理决策优化等。例如，2017年7月，我国发布了《国务院关于印发新一代人工智能发展规划的通知》，指明了人工智能发展的战略态势以及战略部署，关注智能教育，强调推动人工智能在教学、管理、资源建设等方面的全流程应用。2019年2月，我国发布了《中国教育现代化2035》，强调加快信息时代的教育变革。2021年8月，教育部批复同意上海成为教育数字化转型试点区。

2. 社会生活中的数字化转型现象

以5G、人工智能、大数据、区块链等为代表的数字技术正向人类生活的各个领域渗透，数字技术的发展和应用，正在改变生产、消费、组织和服务形态。在生产领域，数字技术革命正推动研发方式、制造方式、产业分工、产业组织形态、产业贸易方式等生产方式向数字化转型，数字化、智能化促使生产过程变得更加技术密集和资本密集[3]，相继出现“智能车间”“智能工厂”“智能生产链”“机器换人”等事物与现象。在交通运输领域，数字化、网络化、智能化服务体系正在各城市不断实践，形成了基于交通大数据的自动驾驶、无人配送、智能导航等“智慧交通”体系。在医疗卫生领域，基于医疗大数据的智能分析和可视化、基于可穿戴设备的理疗诊断等应用和发展，不断刷新“智慧医疗”概念[4]。而除了物理空间的数字化转型之外，还包括虚拟空间的数字化转型。例如，通过技术手段打通线上和线下、虚拟和现实学习场景中各种结构、层次、类型的数据，形成线上线下融合场景生态，以实现个性化教学与服务的OMO教学模式[5]。总之，各行各业基于数字技术形成了一系列新产业、新模式、新样态，诠释了数字化转型正在发生。

3. 教育领域中的数字化转型现象

为了促进技术与教育的深度融合，教育领域开始出现对各种教育数字化服务方案的探讨，这些现象则集中凸显了教育系统正在发生新一轮的深刻变革，彰显了教育数字化转型正在发生，强调了教育数字化转型的重要性。在教育相关产业方面，亚马逊、微软、Google、华为、阿里、腾讯等科技企业均推出线上教育平台及数字化管理服务。例如，Google面向高等教育提供存储、计算、大数据和机器学习等教育解决方案，联合麻省理工学院通过谷歌云构建最大集群突破计算极限，用大数据和突破性见解推动研究；HTC 建设了 VIVEPORT Education VR 教育内容平台，运用虚拟现实技术，创建高度沉浸感的学习环境。在教育体系中，各级各类学校探索从以“教”为中心向以“学”为中心的转变，推进智慧教育、智慧校园、云服务、精准教学、XR 教学建设等现象不胜枚举。一些学校重点打造智慧教室，通过智慧平台、AR/VR 设备、移动便携设备等提升学生互动体验、开启沉浸式教学体验、提高教学效率。例如，哈工大机器人（合肥）国际创新研究院“仿真团队”构建基于 SimReal 工业仿真服务平台的虚拟仿真实验室，在提供数据建模、工程产线布局搭建、逻辑编程等功能的基础上嵌入大量实际工业场景的应用案例，打造虚实结合的一体化环境，帮助学生获得高真实性的学习体验；北京邮电大学借助“5G+全息投影”技术，将教师三维全息投影人像清晰呈现，实现同一老师不同校区的实时授课，为学生提供完全身临其境的学习环境体验。

（二）教育数字化转型的内涵

近年来，数字化转型越来越频繁地被提及。有研究发现“数字化转型”的概念最早出现于 1968 年，但直到 2015 年，该术语才开始在期刊与会议文集中大量出现[6]。目前，已经有许多关于“数字化转型”的定义，但并未形成统一的概念共识[7]。例如，Stolterman 和 Fors 认为，数字化转型是数字技术在人类生活的方方面面引起的变化[8]。Agarwal 等认为，数字化转型指通过使用数字技术社会和行业发生的深刻变革[9]。Fleaca 认为数字化转型是借助于 ICT 技术和应用过程思维原则，试图捕捉和模拟将数字技术融入教学、学习和组织实践所需的相互关联的活动方面，促进教育系统现代化的发展[10]。美国高等教育信息化协会（EDUCAUSE）将数字化转型定义为“通过文化、劳动力和技术深入而协调一致的转变，优化和转变机构运营、战略方向和价值主张的过程”[11]。综合来看，有关数字化转型的描述主要集中在两个方面：一是将数字化转型看作一种策略或方法，二是将数字化转型视为一种过程或者模式。

值得注意的是，数字化转型的根源在于数字化。从广义上看，教育数字化指技术与教育系统深度融合的教育系统创新变革的综合体；从狭义上讲，教育数字化指的是将技术引入教育组织，以及基于这些技术形成的产品、流程或模式的创新和变革。我们认为教育数字化属于普通应用数字技术层面的概念，而教育数字化转型是建立在数字化转换、数字化升级基础上的转型，指向系统化的发展。由此，教育数字化转型是将数字技术整合到教育领域的各个层面，推动教育组织转变教学范式、组织架构、教学过程、评价方式等全方位的创新与变革，从供给驱动变为需求驱动，实现教育优质公平与支持终身学习，从而形成具有开放性、适应性、柔韧性、永续性的良好教育生态。其价值取向是建立在数字化转换和数字化升级的基础上，通过在教育生态系统中充分利用数字技术的优势促进教育系统的结构、功能、文化发生变革，使教育系统具有更强的运行活力和更高的服务价值。

透视教育数字化转型的服务价值，如图 1 所示。教育数字化转型具有适应竞争环境的快速变化、改善与优化教育以降低不确定性、促进教育系统对外部变化的响应能力等价值，教育数字化转型实践强调教育生态系统的创新与变革。具体来看，一方面教育数字化转型已经发生，比如数字技术应用于教育领域的实践、信息技术与教育教学整合的实践等；另一方面，教育数字化转型任重道远，比如从网络化到智能化逐步混合发展（深度融合）、数字化转型意识和文化的一致发展等。

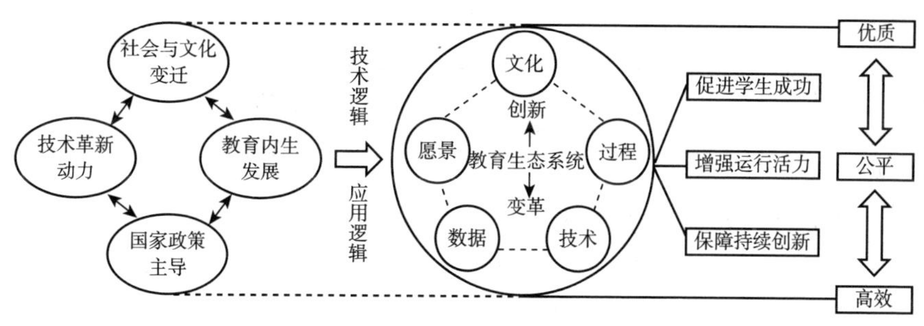

图 1　教育数字化转型的价值透视

三　高质量发展格局下教育数字化转型的作用和意义

（一）教育生态系统的质量观

1. 教育生态系统

教育是什么？从不同的视角出发会得出不同的结论，也因此会产生不同的认识。然而，也只有从教育本质的认识中，才能更好地把握教育数字化转型的出发点。广义的教育指人们在生活中学会是什么、为什么和怎么做；狭义的教育是通过有目的、有计划和有组织的学习与教学，来推进和改进人们生活的过程。当然，教育数字化转型中的教育属于狭义层面。对此，有学者提出教育教学是学生、教师和教学媒介三要素构成的基本系统，后面又陆续产生了包括教学手段和教学环境等在内的四要素、五要素的说法，但一般认为学生、教师和教学媒介是教育系统最基本的构成要素。然而，随着技术在教育教学中的应用，又进一步衍生出了信息化教学环境、新型教与学方式、虚实结合的教学资源。

"生态系统"的概念最早是英国植物学家亚瑟·罗伊·克拉彭在1930年提出来的[12]，将系统论运用到生态学理论中，旨在从生物学的角度看待生物体与其生态系统内部环境之间的关系。斯宾塞将生物学与社会学联结起来，指出生物有机体和社会有机体的内在关系准则是一致的[13]。教育作为社会活动的子系统，可以被隐喻为一个生态系统。从生态的视角考虑教育系统建设，不仅要考虑主要参与者（学生和教师）之间的相互关系，而且还要考虑学习空间的作用（数字空间和虚拟空间）。可以说，技术在教育领域的应用，从教学环境、教学方式和教学媒介层面拓展了教育系统的空间。因此，可以将教育系统描述为学生、教师、媒介内容及其在特定空间单位中的所有相互关系的生态系统。

2. 教育生态系统的质量观

在社会科学领域，质量代表客观事物的优劣程度，是产品或工作的主要衡量指标。从生态系统角度看，高质量的教育系统需要教师、学生和环境等相互之间达到高度适应、协调和统一的状态，即生态平衡。达到生态平衡是健康生态系统的发展取向，指的是一个可持续的、完整的、在外界胁迫情况下完全具有维持其结构和功能的生态系统[14]。目前，一般从活力、组织结构和恢复力上去评价一个生态系统的健康程度，去考察生态系统的优劣程度，故而采用健康生态指数（Health index，HI）去反映生态系统质量。通过活力、组织结构和恢复力三大要素的乘积值进行评判，即：

健康生态指数：HI = V（vigor 活力）×O（organization 组织结构）×R（resilience 恢复力）

活力表示生态系统的功能。生物学的生态系统活力一般根据营养循环和生产力所能够测量的所有能量来评价，而在教育生态系统中，活力则包括维持系统本身复杂特性的功能和为教师和学生提供服务的功能，用知识、信息、数据和其他物质的流通与传递来表示。组织结构是指生态系统结构的复杂性。生物学的组织结构一般根据生态系统的多样性及其数量信息来评价，而教育生态系统的组织结构可以从教育教学的构成要素来判断，一般包括：教育体系和政策的制定者、教学决策者、教学实施者等个体或群体；参与教学的教师和学生两大教学主体；支持教学和服务的管理者；保障教育运行的其他组成要素，包括教育文化、制度、教学模式、教学媒体和物质环境。恢复力指系统在外界压力消失的情况下逐步恢复的能力。生物学的生态系统的恢复力通过结构和功能的维持程度与时间来评定，而教育生态系统的恢复力是通过其韧性来判断，指教育系统在适应外部变化的过程中所具有的稳定性与适应性。通过教学主体的自我调节和空间的支持转化，在受到威胁时维持系统的正常结构和功能，保证教育系统达到一定的稳态，即韧性。因此，活力、组织结构和恢复力三个要素共同决定生态系统的质量，从结构和功能上反映生态系统的整体现状和可持续发展能力，生态指数值越高，则表示教育生态系统质量越好；反之，亦然。

（二）教育数字化转型的作用与意义

1. 教育数字化转型是提高教育系统功能质量的有效途径

教育系统具有“使人成为人”和“职业选择”的两个功能[15]。一方面，促进人的发展是教育的目标之一，由此出现了各种教学理念，比如人的全面发展、人的个性化发展。教育数字化转型利用数字技术促进教育，而技术对教育具有革命性影响，数字技术的发展也在推动着未来教育模式的变革，推动人类学习范式的变革从“教学者中心”向“学习者中心”转型，表现出“信息连接、信息共享、智能化服务”的特征，显现出个性和精准的信息服务趋势。数字技术可以支持以学生为中心的信息服务，满足个体差异，促进学生的个体发展，促进教育教学的整体质量提升。另一方面，教育根植于社会关系和实践背景，不同的社会形态和文化认识会产生不同的结构，但促进国家和社会的发展是不变的追求。教育数字化转型演绎逐渐形成用数据说话的新思维模式，使得教学活动场景由物理空间逐渐延伸至数字空间。教育数字化转型指向教育创新与变革，指向教育全要素、全流程、全业务和全领域的深刻变化。首先，教育数字化转型强调了对数字对象的操作，最直观的数字对象便是数据，因此数据是教育数字化转型的核心要素。其次，教育数字化转型依赖于数字技术，数字技术在该过程中的作用经常带有技术决定论的色彩，因此教育数字化转型的首要因素是技术；教育数字化转型之“转型”概念通常带有积极的暗示，即“变得更好”，指向组织和社会变得更好，因此还包含组织和社会两个要素。因此教育数字化转型与社会数字化趋势一致，有助于教育发展以培养适合未来生活需求的人。

2. 教育数字化转型是重塑教育业态的关键引领

教育不仅是数字化改革的核心主体，更是引领数字技术赋能教育业态重塑的关键。技术以替代、增强、改良、重塑的方式与教育系统共同进化。例如，早期的计算机辅助教学系统和学习管理系统，通过设计自动教学操作的程序逻辑，来执行简单的在线学习任务；基于数字技术的自动化工具，通过技术系统与人类导师结合使用，以教授复杂问题的解决方法。数字技术嵌入教育系统以促进教育质量提升渐成常态，逐步实现信息的实时交换、消除时空之间的信息延迟、集成真实世界和虚拟世界的信息、创设沉浸式的体验、对资源的高效配置、对变化的快速反应、对事件的快速处理，等等，教育教学的确定性、精细化、智能化水平显著提高，延展了教育生态系统的活力、组织和韧性。综合而言，一方面，教育数字化转型对教育模式升级和学习范式发展提供引导和保障。比如，教育数字化转型赋能“精准”和“个性”的智慧教育，在学习目标方面，做到精准，包括精准判定学习是否发生、学习能否按期完成、如果学习没有发生或无法按期完成时如何给以精准辅助；在学习者方面，做到个性，教与学的策略、方法、资源、服务（体验、推送等）均应符合学习者的个体特征，以此让学生获得适宜的学习服务和良好的发展体验。另一方面，教育数字化转型带来有针对性的新技术供给，助推教育系统有效应对外部环境的快速变化和突发事件冲击的新兴挑战，顺利推进我国教育创新和改革。比如，突如其来的新冠肺炎疫情在全球范围内使教育系统的脆弱性暴露无遗，加深了人们对于技术赋能教育系统韧性的认知与需求。韧性指向描述复杂的生态系统在适应外部变化的过程中具有的稳定性和适应性（祝智庭等，2020）。面对诸如此类的冲击和挑战，教育数字化转型通过构建灵活、开放的教育教学体系，增强教育生态系统韧性。

四　高质量发展格局下教育数字化转型的实践逻辑与挑战

（一）高质量发展格局下教育数字化转型的实践逻辑

教育数字化转型强调将数字技术整合到教育领域的各个层面，其实践有着重要的发展意蕴。这种发展意蕴是面向未来的教育意识，一方面，转型实践指向当下正在进行的教育，转变教育系统的教学范式、组织架构、教学过程，培养适应未来生活的个体和未来社会所需要的人才，即，强调面向未来的教育；另一方面，转型实践指向若干年后的未来教育，使教育系统的结构、功能、文化发生创变，即，强调面向教育的未来。对此，我们可以把教育数字化转型的实践逻辑视为具有价值意图支配的行为选择，在实践活动中的深层次的生成原则包括："问题驱动+理念引领"的原则、"系统进化+创新突破"的原则和"价值评估+迭代优化"的原则[16]。

教育数字化转型实践需要根植于教育组织当前的情况和需求，遵循"问题驱动+理念引领"的原则。一是通过问题驱动推动教育数字化转型实践，基于问题驱动机制探寻问题解决方案，解决教育组织当下的现实问题；二是通过先进的教育理念和愿景拉动教育数字化转型实践，基于高层次的发展理念和愿景明确未来的发展方向。教育数字化转型实践需要符合教育系统发展的客观规律，遵循"系统进化+创新突破"的原则。一是内外部因素推动教育系统的进化发展，且微小的变化可能引发系列连锁的反应，通过自然的"系统进化"作用于教育数字化转型实践；二是教育数字化转型需要创新和变革，特别是以"微创新"和"宏创新"来触发教育变革，通过"创新突破"作用于教育数字化转型实践。教育数字化转型实践需要落实到实际的行动上，遵循"价值评估+迭代优化"的原则。一是问题驱动、理念引领、系统进化、创新突破的逻辑理念可以通过价值评估来体现，通过价值评估为教育数字化转型的策略和决策提供目标指向、情况反馈和效果评估；二是价值评估的结果会再次作用于未来实践，通过不断迭代来优化实践效果，并抑制、减缓或纠正偏颇的实践活动。

事实上，问题驱动、理念引领、系统进化、创新突破、价值评估、迭代优化相互交织在一起，教育数字化转型的实践是多重逻辑作用的结果，其实践路径和方法通常以上述某一种或多种原则的整体或个别要素为指导。

（二）高质量发展格局下教育数字化转型的挑战

世界永远都在变化，唯一不变的就是变。变化是事物发展的客观规律，如果教育系统选择抵制创新和变革，那么未来无论外部环境如何变化，我们的教育依然没有改变，则会滞后或阻碍个体、国家和社会未来的发展。随着数字技术的发展，教育系统正在发生一场悄无声息的革命，内外部因素和需求形成了教育数字化转型的进化论、催化论、应变论、嬗变论和智慧教育论[17]，如图2所示。

第一，技术的变化，要么是因为科学进步，要么是遵循其自身的逻辑，然后它们对社会产生影响[18]。技术的变化是一个进化过程，带来了一个“数字达尔文主义”时期，影响着社会进化。而当技术和社会的进化发展快于教育系统适应能力的时候，教育需要通过数字化转型正是适应和生存的过程表现，这也就是教育转型的数字达尔文主义。第二，优质、公平和高效是教育创新和变革的目标追求。多年来，教育领域一直致力于通过技术来替代、增强、修改和重塑教学和服务，以此破解优质、公平和高效构成的“难三角”问题，实现优质、公平和高效并举与平衡。由此，需要开展数字技术整合的教学法创变，催化教育数字化转型。第三，面对外部冲击和不确定性，需要增强教育系统韧性。例如，为了应对新冠肺炎疫情对全球教育带来的巨大冲击，各个国家和地区、组织以及各级各类学校开始借助现代媒体技术和网络技术，寻求新的教学方式。外部危机加速了教育数字化转型，而数字技术赋能教育系统的韧性建设。第四，教育是一个复杂的生态系统，其中微小的变化可能带来巨大的连锁反应，类似于“蝴蝶效应”。而教育内嵌于社会系统，技术也可以作为要素嵌入教育系统，这些逻辑关联着教育系统的运行与发展，内外部的微小变化都会影响教育系统，触发教育数字化转型，推进数字技术融合教育生态的蝶变。

毫无疑问，教育数字化转型符合教育生态系统发展的客观规律。在进化、催化、应变、嬗变和智慧教育等宏大的发展背景下，顺利推进教育数字化转型是构建教育高质量发展格局的必然选择。然而，教育数字化转型还处在初级阶段，面临诸多挑战。一是存在一味追求新技术使用的问题，也存在

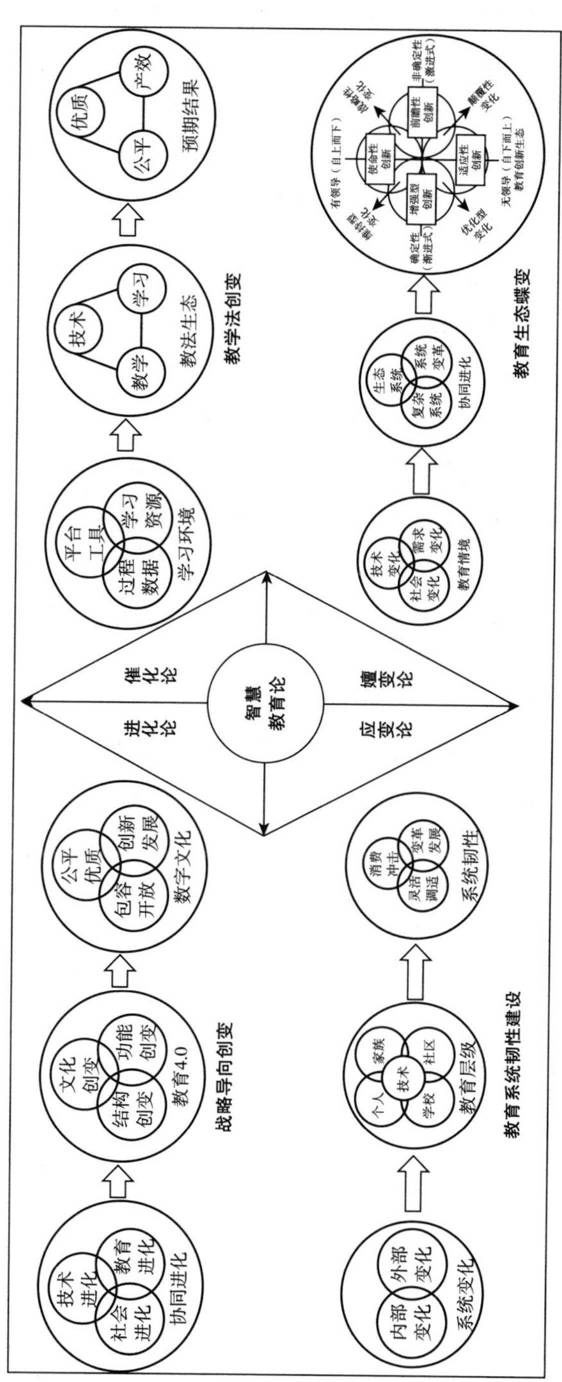

图2　教育数字化转型的变因论（祝智庭，胡姣；2022）

数字化布局老化的问题，如何在促进技术与教育融合的同时保持“发展式”思维是教育数字化转型实践的一大挑战。二是缺乏教育数字化转型战略，存在技术使用即为转型的思路，大多简单地将技术引入教育领域，面临着如何正确认识教育数字化转型并走向转型实践的挑战。三是存在“数据孤岛”和“技术限制”的问题，如何促进数字技术和数据等的共享与流通也是教育数字化转型面临的一大挑战。

五　教育数字化转型的创新路径

对于教育系统来说，“教育的本性更多的是保守的，而不是进取的；它一般在社会与文化变迁过程中，主要担当的是‘滞后’的角色，也就是常常落后于社会及文化的变迁。只有在社会意识形态的强有力的干预下，它才会紧随社会及文化之后，作出这样或那样的改变。”[19]而创新和变革有可能带来革命性的影响，也面临着创新和变革失败的可能。教育数字化转型面临着一系列挑战，如何开展教育数字化转型实践？这一问题无疑成为关键。我们可以从教育三重属性进行理解：教育作为国家事业、教育作为知识密集型服务业、教育作为社会文化现象。对此，我们应为迎接教育数字化转型发展做好准备，通过从点到线再到面的方式推进教育数字化转型战略的落地与实践。

1. 协调教育数字化转型需求点，完善教育生态系统的功能机制

技术的创新发展一直影响着教育技术和媒体在教育中的作用和功能。早期技术应用于教育教学的主要目的是提高地方教育部门和学校的行政管理效率。逐渐地，随着微型计算机和互联网的出现，技术产品、工具和应用程序开始用于教学，以提高教育教学核心功能，即提高各个教学过程的质量。随着数字技术的发展，数字技术已经应用于教、学、评、测和管等教学过程，这些教学过程的逻辑起点是需求，技术与教学内容和目标结合起来，为教育生态系统的功能质量发展提供了源源不断的内生动力。因此，应抓住提高教育生态系统功能质量这个内核，从内核需求出发协调教育数字化转型的需求点，完善教育生态系统的功能机制。例如，利用数字技术拓展教育内容，可以利用技术来设计和实施教育内容的项目。此时，数字技术的应用作用于某一需求点，技术以点对点的方式嵌入教育生态系统，可以称为“技术散点”，这种基于教育数字化转型确定的技术功能对接，直接指向教育生态系统的客体，持续强化教育生态系统的功能质量。

2. 构建教学实践服务线，夯实教育生态系统的组织质量

将信息通信技术整合到教育系统中是一个复杂的过程。这个过程的参与者涉及教师、学生、其他利益相关者（学校管理者、家长、技术管理者等）。在教育生态系统中，这种技术与参与者的联系可以看作一种服务，即技术服务于教学主体。以学生为中心，满足学习者的差异化需求需要技术赋能学习服务体系构建，技术在教育生态系统中的应用也逐步延伸出多种多样的服务，主要包括向前延伸、中段延伸和向后延伸三种途径，并在构建时时可学、人人可学和处处可学三种状态中延伸出服务内容。例如，根据学生的能力和先前的经验进行调整，在教学过程中向学生和教师提供有关学生表现或应用程序进展的反馈，进行差异化教学服务。此时，教育主体可以逐步探索围绕技术赋能的多元化服务方式，逐步尝试从多个教育数字化转型的需求点，走向服务线，增强教育生态系统的服务质量。

3. 拓展生态系统承载面，打造教育生态系统的环境智能化

技术的使用可能会对教育的功能和服务产生影响，但是仅此一点并不一定会产生和形成新的学习环境。从加强传统的教育范式到支持不断变化的教育范式，教育生态系统向着更加开放、普适和智能的方向发展。为教育开发的工具和服务被集成并要适应当前的学习环境，例如，教师、学校社区以及学校和地区管理人员在支持使用技术的环境中使用技术，能够提高教育效率；或者技术集成到典型的学习环境时，能够提高技术性能。技术支持的教学服务线，同时向纵向和横向两个维度延伸，这一步的关键就是环境建设。也就是说，技术单独用于教育数字化转型实践组织，已经形成了一个初步的生态小系统，而各个技术小系统将在更大范围中进行协同和起到作用。此时，技术通过嵌入学习环境的数字化、信息化和智能化建设，通过空间环境构建，打造教育生态系统的空间承载面；通过数字协同、空间智能和生态协调，促进信息和数据共享与互通，实现高质量的教育教学。

参考文献

[1]《中华人民共和国国民经济和社会发展第十四个五年规划和 2035 年远景目标纲要》[N],《人民日报》2021 年 3 月 13 日，第 001 版。

[2] UNESCO. Reimagining our futures together: a new social contract for education: proceedings of the 41st session of the UNESCO General Conference, November 10, 2021, [C] . Paris : UNESCO, 2021.

[3] 李雯轩、李晓华:《全球数字化转型的历程、趋势及中国的推进路径》[J],《经济学家》2022 年第 5 期，第 36~47 页。

[4] 糜泽花、钱爱兵:《智慧医疗发展现状及趋势研究文献综述》[J],《中国全科医学》2019 年第 22（3）期，第 366~370 页。

[5] 祝智庭、胡姣:《技术赋能后疫情教育创变：线上线下融合教学新样态》[J],《开放教育研究》2021 年第 27（1）期，第 13~23 页。

[6] Reis J , Amorim M , NFR Melão, et al. Digital Transformation: A Literature Review and Guidelines for Future Research [A] . Rocha Á. , Adeli H. , Reis L. P. , Costanzo S. World Conference on Information Systems and Technologies [C] . Naples: Springer, Cham, 2018, 411-421.

[7] MORAKANYANE, R. , GRACE, A. AND O'REILLY, P. "Conceptualizing digital transformation in business organizations: a systematic review of literature": Proceedings of the 30th Bled Econference: Digital Transformation-From Connecting Things to Transforming Our Lives [C] . Bled: Bled eConference Press, 2017.

[8] Stolterman, E. , & Fors, A. C. (2004) . Information Technology and the Good Life [A] . Kaplan B. , Truex D. P. , Wastell D. , Wood - Harper A. T. , DeGross J. I. (Eds.) Information Systems Research. IFIP International Federation for Information Processing [C] . Boston: Springer, 2004, 687-692.

[9] Agarwal R, Guodong G, DesRoches C, et al. The Digital Transformation Of Healthcare: Current Status and the Road Ahead [J] . Information Systems Research, 2010, 21 (04): 796-809.

[10] Fleaca, E. Embedding Digital Teaching and Learning Practices in the Modernization of Higher Education Institutions [A] . International Multidisciplinary Scientific GeoConference: SGEM [C] . Albena: Curran Associates, Inc. , 2017. 41-47.

[11] Christopher, D. B. & Mccormack, M. Driving Digital Transformation in Higher Education [EB/OL] . (2020 - 06 - 15) [2022 - 04 - 12] . https: //library. educause. edu/

resources/2020/6/driving-digital-transformation-in-higher-education.

[12] Willis, A. J. (1994). Arthur Roy Clapham. 24 May 1904 - 18 December 1990. Biographical Memoirs of Fellows of the Royal Society 39, 72-80.

[13] [美] 乔纳森·H. 特纳:《社会学理论的结构》(第 7 版·上)[M],邱泽奇等译,北京:华夏出版社,2006,第 9~10 页。

[14] Costanza R, Mageau M. What is a Healthy Ecosys-tem [J]. Aquatic Ecology, 1999 (1).

[15] Qvortrup, L. Society's educational system-an introduction to niklas luhmann's pedagogical theory [J]. Seminar net-international journal of media, 2005, 1 (1), 1-21.

[16] 祝智庭、胡姣:《教育数字化转型的实践逻辑与发展机遇》[J],《电化教育研究》2022 年第 43 (1) 期,第 5~15 页。

[17] 祝智庭、胡姣:《教育数字化转型的理论框架》[J],《中国教育学刊》2022 年第 4 期,第 41~49 页。

[18] MacKenzie, D., & Wajcman, J. (Eds.). The social shaping of technology. Buckingham: Open University Press, 1999.

[19] 郑金洲:《教育文化学》[M],北京:人民教育出版社,2000,第 165、177 页。

Research on the Innovation Paths of Education Digital Transformation under the Pattern of "High Quality" Development

Zhu Zhiting, Hu Jiao

Abstract Digital technology has great potential for change and is driving the digital transformation of society. The digital transformation of education has developed into an effective way and a key leader in promoting the functional quality of the education system and reshaping the education business model and is an inevitable choice for building a high-quality development pattern of education. In this regard, this study firstly explains the phenomenon of digital transformation and analyses the connotation of digital transformation in education; then, it discusses the role and significance of digital transformation in education in the context of "high-quality" development pattern; finally, it elaborates the practical logic of digital transformation in education, which follows the principles of “problem-driven + concept-led It follows the practical principles of “problem-driven + concept-led”, “system evolution + innovation breakthrough” and “value assessment + iterative optimization” . While the digital transformation of education is in line with the development of education systems, challenges such as the use of new technologies, the aging of the digital landscape, the lack of an education digital transformation strategy, data silos, and technical limitations remain, limiting the process of digital transformation of education. Therefore, it is necessary to prepare for the development of digital transformation in education from three aspects: the state, the organization, and the individual, and to promote the implementation and practice of digital transformation strategies in education.

Keywords Digital Transformation In Education; High Quality; Development Pattern; Innovation Path

［责任编辑：朱永海］

未来教育的智慧化转型

余胜泉　刘恩睿

【摘要】未来不仅是一个时间的概念，也是一种选择性的价值理念。从教育的角度来理解未来，是一个更美好的教育期望，是对随时代变化、变革、发展的一种新教育诉求，也是对教育现代化的一种向往。本文结合智能时代的三大发展趋势：即人机物三元融合、主动智能服务和人机结合的分布式认知，提出智能技术支撑的未来教育四个核心特征，并从基础环境、智能形态、培养模式、教育生态、育人目标五个维度提出未来教育智慧化转型的关键所在，包括拥有主动智能的教育环境、人机协同的教育智能、大规模个性化的人才培养模式、虚实融合的教育新生态和智能时代的创新人才培养。在此基础上，面向未来教育智慧化转型的实践落地，提出了五点关键建议，期望为智能时代未来教育的转型与变革提供一定的参考与应用启示。

【关键词】未来教育　转型与变革　人工智能　大数据　人工智能教育应用

【作者简介】余胜泉，教授，博士，北京师范大学未来教育高精尖创新中心（北京 100875）；刘恩睿，博士研究生，北京师范大学教育技术学院2020级（北京 100875）。

未来不仅仅是一个时间的概念，也是一种选择性的价值理念，未来如果单从时间上来理解就稍微局限了一点，未来不仅仅是我们要去的地方，更是我们要去创造的地方。从教育的角度来理解未来，是一个更美好的教育期望，是对随时代变化、变革、发展的一种新教育诉求，也是对教育现代化的一种向往。理解未来教育的形态应该有一个信念，今天的教育和老师不生活在未来，未来的学生就会生活在过去，未来教育是对当前教育变革的超越性诉求，它的具体形态可能会是千差万别的，但它的发展方向、发展理念又是确定性的。

以大数据、人工智能、5G、云计算等为代表的新一代信息技术的发展，将使得未来教育发生重大的结构性变革，学习变得无处不在。教学环境、学习环境、学校的基本组织部分将发生改变，学校的运行模式、运行法则、运行规则将发生变革，结构和形态将会重组。在此智能技术加速发展关键时期，对新一代的信息技术在教育中发挥作用的理解，也需要超越过去的单纯技术应用、资源共享的层次，迈向推动未来教育智慧化转型与变革的全新层次。

一　智能时代的大趋势

未来教育的智慧化转型成为可能，是建立在智能终端、移动互联网和云计算大规模普及的基础之上的。当前个人计算设备真正实现了从奢侈品向大众消费品的转变，使随时在线、万物互联具备了硬件上的基础；人工智能等关键技术的大规模应用，则从软件算法层面为未来教育的智慧化转型提供了可能。智能时代与过去我们所熟知的信息时代不同，将体现出几大独特的发展趋势。

（一）人、机、物三元融合

进入智能时代，人、机、物之间将发生更加紧密的相互融合，依靠无处不在的移动终端、无处不在的网络连接和聚合海量数据的云平台，共同构建出了一个无处不在的计算空间。与我们所熟知的真实世界相比，这个主要由网络、数据和服务所构成的虚拟世界将会在智能时代发挥越来越重要的作用。人类社会正从由物理和社会组成的二元空间向物理、社会、信息组成的三元空间转变。[1]三元空间中的人类社会、人造机器和自然万物是相互依存、协调发展的关系，共同形成以人为中心、充满计算与通信能力的智能空间，[2]加速推动人类社会迈向智能化。

从技术层面看，人、机、物三元融合需要物联网、移动互联网、5G通信、大数据、云计算、人工智能、虚拟现实等技术，使人类社会、物理世界和信息空间实现互联渗透、相互作用，将智能融入万物，实现无缝对接和协同计算，形成一种新型的、虚实融合的全新计算平台。

在融合层面看，物理世界正在走向虚拟化。物联网的理念与探索虽然早已有之，但随着通信技术与计算能力的发展，物联网的覆盖范围、感知能力和适用场合都将得到极大的发展，形成万物互联，真正推动物理空间和信息空间走向融合。同时，人类社会也将深度参与这一融合的过程，虚实融合的特征将会越发凸显。过去只存在于计算机和网络中的数字化信息、服务、计算与通信，将会成为人类社会生活、个体生存的重要依托。

当前受到社会各界热议的“元宇宙”（Metaverse），就是人、机、物三元融合理念的一种集中体现。元宇宙一词出自科幻小说《雪崩》，描述的是一个与现实世界所平行的虚拟世界，人们可以借助虚拟分身在这个虚拟世界中生活。元宇宙的理念体现了互联网下一步进化，具有虚实融合、永久在线、同步现实、开放创造以及闭环运行等特点。与当前主要服务于娱乐需求的虚拟世界（如电子游戏等）不同，元宇宙更多强调与现实世界的高度同步和拟真，形成一个开放和永续发展[3]的真正虚实融合世界。虽然元宇宙在现阶段主要是受资本与市场预期高涨的一种理念图景，存在一定的过度预期风险，但是其所描述的未来互联网全要素关联融合的愿景，是对智能时代下一阶段互联网的一种合理想象。[4]随着5G网络、可穿戴设备、感知设备和虚拟现实等软硬件基础设施逐渐走向低成本、实用化，成为与智能手机一样大规模普及的大众消费品，智能时代的互联网，一定会体现出更多人、机、物三元融合的趋势，全面重塑我们对于互联网和智能技术的理解。

（二）主动智能服务

进入智能时代，智能服务将越来越多地以主动智能的形式呈现。在前移动互联网形态，服务需要依靠用户的请求获得，用户必须明确知道“我想要什么”，才能发出对应的请求。在这个过程中，软件始终处于被动接受使用者请求的位置，是一种被动的智能服务。进入智能时代，大量感知设备的联通、海量数据支持的精细管理与控制、基于用户个人画像和使用场景的全方位精准描述，为主动智能服务的实现提供了可能。人们所接触到的智能服务，将从被动智能向体现万物互联、全面感知、可靠传输、智能处理的主动智能转变。[5]

智能时代的主动智能服务，能够实现对于使用者工作、学习、生活等多情境的智能感知，从而进行相关信息、资源和个性化服务的智能推荐，为使用者提供个性化、精准化的智能服务。智能时代无处不在的计算空间，为这种以用户为中心的主动服务模式提供了可能。智能环境会根据用户所处的情境主动为用户推送需要的信息、资源与服务，实现从“人找资源”变成“资源找人”的关键转变。[6]

主动智能服务中的各类智能设备，能够感知环境的变化以及用户的需求变化，实现自动适应，针对不同的情境、不同的使用者进行不同的响应。通过与用户的日常交互，进行用户画像和使用场景的精准描述，这个过程会在用户无感知的情况下自动完成，并不断进行自我完善和进化，随着用户使用的深入，就能够为用户提供更加精准的服务。主动智能服务的理念在一些特定领域，例如新闻资讯推荐、音乐推荐、语音智能助理中已经取得了很好的效果。

主动智能服务需要体现出“泛在”与“透明”的特点。“泛在”主要体现在人们可以在工作、学习、生活的现场随时获得服务，无须离开这个现场、端坐在一个专门的计算机面前。主动智能的服务在智能时代会像空气一样无所不在，成为人们生活当中的必需品。“透明”则是指获得这种智能服务时不需要用户花费额外的注意力，这种主动智能服务的访问方式应该是自然的甚至用户自身所注意不到的，成为一种蕴含式的交互。同时，主动智能服务会在合适的时机出现，不会因为过于主动而对用户产生干扰。

同时，主动智能也将在用户的感知层面逐步走向“消失”与“不可见”，形成犹如工业时代的电力一样的基础设施服务，用户在使用的过程中会更多专注于自身的任务而非技术。主机与互联网时代的被动智能服务，其主体是计算机，强调人机交互的过程；智能时代的主动智能服务，则以人为主体，成为一种自然嵌入的技术。

（三）人机结合的分布式认知

进入智能时代，人类的认知将逐渐成为一种人机结合的分布式认知。互联网的快速崛起和发展已经在过去的三十余年里对人类社会的方方面面产生了巨大的影响，在很大程度上改变了人类社会的经济形态，也将逐步改变人类对于自身存在的认识以及认知世界的方式。当今时代的互联网包含着越来越海量的信息，同时也为人类社会带来了越来越快的生活节奏、越来越大的复杂性和不确定性。身处智能时代中，如果人类个体仅依靠头脑认识世界，必定会面临诸多的不适应与无法胜任。互联网所带来的信息爆炸、知识爆炸等现象，对人脑的信息处理能力提出了巨大挑战。

作为人类有史以来创造的最庞大、最丰富的知识库，互联网可以极大地扩张人脑处理数据的容量与速度。同时，人工智能等新一代信息技术快速发展，已经在诸多特定任务中（如图像识别、语音识别等）达到了超越人类的水平，[7]帮助人类完成了一些仅凭自身认知不可能完成的任务。因此，智能化时代的人类基本认知方式，应该从个体认知转变为人机结合的分布式认知，利用人工智能与互联网完成大量人脑无法完成或者不擅长的任务，从而应对智能时代知识与信息快速膨胀的挑战，适应智能时代工作、学习与生活的复杂性与不确定性。

分布式认知是由加利福尼亚大学的赫钦斯（Edwin Hutchins）提出的一种认知理论，其主要观点是认为认知的范围可以扩展到个人之外，在人与资源、材料的互动中体现出认知的过程。[8]与传统的认知观认为认知是个体级别的信息加工、人脑中的内部表征是认知的全部不同，分布式认知认为内部表征和外部表征的交互共同构成了完整的认知活动。[9]分布式认知理论指出人类可以借助与技术工具的交互，突破个体的认知局限。

在智能时代，人类可以借助与人工智能、互联网的协同，与智能技术开展“思考”合作交互，实现认知水平的飞跃提升。人工智能和互联网作为人脑延伸的“外脑”，与人类的“内脑”联合行动，成为一种人机结合的分布式认知体系。这种协同随着智能技术的进步将变得越来越可能且有必要。

人机结合的分布式认知可以辅助人类突破个体认知的极限，驾驭超越个体认知水平的复杂情境，处理超越个体认知能力的海量信息，应对超越个体认知速度的行为演变，[10]是人类思维方式转型的基本方向。这种借助外部设备思考和认知方式的核心是将人类认知能力上的不足外包给外部智能设备，可以看作一种“认知外包”。[11]智能时代的认知外包会成为一种常态，也会反过来促进智能技术的发展，带来分布式的人机结合的智能。

人类过去的历史也已证明，工具的使用对于认知方式的变革、社会的进步而言是至关重要的。在生产力和生产关系发生变革的时期，人类的认知方式也会随之发生转变，从而一同推动社会的发展。智能技术和智能设备的大范围应用，为人类认知方式的新一次改变带来了契机，智能设备逐渐成为辅助人类思考和认知的重要工具，人机结合的分布式认知也将成为信息时代人类的认知方式。

二　智能化支撑的未来教育特征

从20世纪80年代至今，信息技术在教育中的应用已经走过了三十余年历程，技术的进步奠定了这一过程的良好发展基础，也提供了新的发展机遇。信息技术在教育中的应用与影响经历了三个主要阶段：即数字化阶段、网络化阶段和智能化阶段，如图1所示。

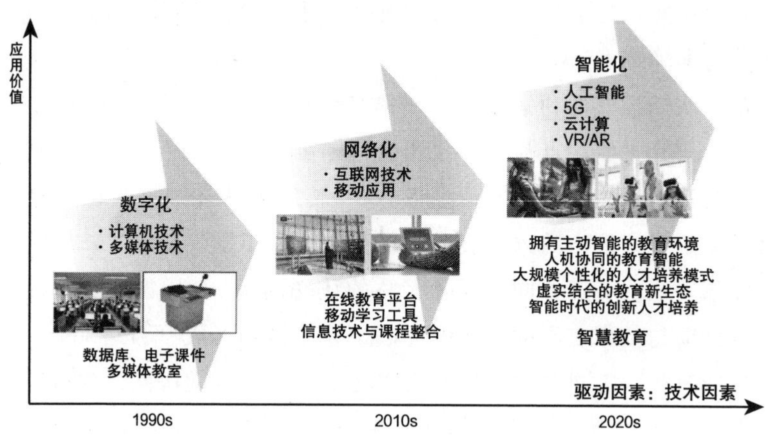

图1　信息技术教育应用的三个主要阶段

数字化阶段主要是指20世纪80年代末至90年代，以计算机、多媒体为代表的信息技术，促进教育媒体、资源的主要形式从广播、电视等模拟技术向数字技术转变的时期。这一时期信息技术的主要作用，体现在模拟信息到数字信息的转变，使用信息技术提升了工作效率与教学效果。

网络化阶段主要是指21世纪前20年，以互联网为主要代表的信息技术，促进数字化教育资源通过网络进行汇聚，实现优质资源普及和共享的时期。这一时期信息技术的主要作用，体现在通过互联网的连接，促进数据和信息的快速流转，实现从孤立信息向全面流通信息的转变，出现了新型的教育服务与学习形式。

智能化阶段主要指当前进入智能时代后，以人工智能为主要代表的新一代信息技术，促进教育过程中的数据挖掘、智能服务实现，迈向教育的智慧化转型全新时期。这一时期信息技术的主要作用，体现在智能教育服务的实现和教育生态的全新重塑，全方位推进教育的转型与变革。

数字化和网络化对教育发展的促进，是以基础设施建设和功能性应用为主的，重点在于硬件建设和应用范围的推广。2018 年以来，我国教育信息化事业已经进入教育信息化 2.0 全新发展时期。[12]智能技术的进步为教育信息化事业奠定了良好的发展基础，提供了新的发展机遇，将推动教育从数字化、网络化向智能化发展。

进入智能化阶段，相关信息技术对于教育的影响，不再局限于基础设施建设和功能应用的层次，而是更加全面融入和影响教育生态，最终促成新的未来教育智慧化转型，使未来教育更多体现出个性化、社会化、虚实融合、泛在化和终身化的特征。

（一）未来教育的供给会越来越个性化

未来教育更加重视学生个性化和多样性，更适应学生个性化发展的教育，每个学习者先天和后天的成长总是有差异的，要使每一个儿童在其原有的基础上获得适合他自己的教育服务是未来教育应该追求的价值之一。爱因斯坦说过“每个人都是天才，如果以爬树的本领判定一条鱼的能力，那这条鱼终身都会认为自己是一个笨蛋”，所以未来教育是尊重学生个性和未来发展的教育。在人工智能技术的支撑下，我们能够超越农业社会的个性化、小规模的教育，能够超越工业社会大规模、非个性化的教育，能够建立起既可以实现大规模的覆盖，又可以做到个性化支持的教育体系。

未来教育有三个核心的关键词，即个性化、适应性和选择性。今后的学习将不再重现过去在学校里按照固定的课程、班级、节奏统一上课的场景。个性化学习会受到更多重视，发展学生个性的教育将会成为教育发展的重要方向。基于人工智能技术可以精准了解学习者的认知结构、能力结构以及情感特征，从而呈现出最适合当前学习者特征的知识与内容、策略与方法。同时，学校会把网络教育融入其中，为学习者提供更多选择，支持学生选择适合自己个性的、柔性的教育。

基于大数据、人工智能建立促进个性化发展的教育体系，是未来学校发展的基本趋势。现在的教育是一刀切的统一模式，未来在对学生进行完备的学习数据记录和分析的基础上、在精确了解每个学生个性特征的基础上，可以建立线上线下融合的、个性化的、选择性的、精准的教学空间，可以精准推荐权威的知识学习数据、学习内容和学习活动以及相关领域专家，开展面向学习过程的评价，增加学习的适应性与选择性。

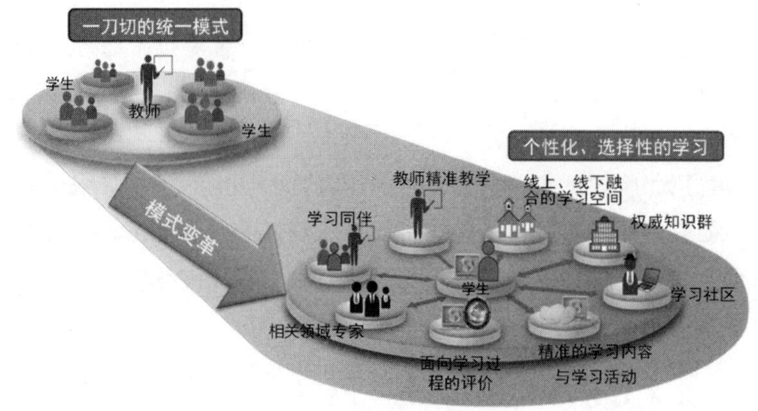

图 2　基于教育大数据建立促进个性化发展的教育体系

智能技术既可以保留传统教育所具有的大规模班级的结构特点，同时又能够实现我们现在要求的个性化，既能够实现“每个人都有”的公平，又能够实现“跟每个人能力相匹配”的高质量的服务。

（二）未来教育的服务会越来越社会化

基于移动通信技术与互联网技术的实时通信网络能够实现大规模的社会化协同工作，即时实现各种人力和物力学习资源的汇聚和配置，为教与学提供新的分工形态。这种社会化协同的新型分工形态既能够使不同学习者获得及时的支持与评价反馈，也可以兼顾儿童发展的多样性，通过个性化学习，最终实现每个儿童获得公平的教育；同时，社会化协同工作又有利于教师工作的更专业化分工，缩短教师个体劳动时间，提升教师工作效率。未来，社会化协同合作在整个教育系统中的作用将日益凸显，尤其是随着 MOOC、翻转课堂教学等的出现，不同学科、不同学段的教师可以协同共建一门课程；

处在不同国家、不同区域的教师可以开展基于网络平台的协同备课、上课与教研。

技术可以实现部分教育服务数字化，使其具有通过互联网提供服务的可能。互联网将打破传统以学校为主体封闭的供给体系，打破学校组织服务的边界，越来越多的学校内部服务被外包，呈现出基于互联网提供多元教育服务供给的新协作架构。

人工智能+教育的跨界融合将促进整个教育体系核心要素的重组与重构，学习消费者、内容提供者、教学服务者、资金提供者、考试提供者和证书提供者等都有可能来自社会机构，专业化的公益组织、专门的科研院所、互联网教育企业等社会机构将成为优质教育供给的重要来源。例如慕课，实现了优质教育服务的校外供给，它之所以受到广泛认同，不在于它的技术创新，而是教育技术发展到一定阶段以后，导致的一种生产关系创新，它不仅仅是教育资源的开放，更是一种教学服务的开放，实现了教育服务的社会化供给。它的出现使人们能够根据自己的兴趣、爱好、价值观、文化传统等进行适合自己个性发展的学习，开创了新的教育供给方式，使得学校获得外部优质教育服务（而非仅仅是资源）供给成为可能，破除了教育垄断，增加了教育的选择性，推动了教育的民主化。

学校的围墙正在被打破，学校开放是大势所趋。智能时代开放教育的体系正在形成之中，会涌现越来越多来自专业性社会机构的优质教育服务源。未来的教育，学生和家长完全可以组合来自学校或互联网的教育服务，制定个性化的学习课程与活动，以反映儿童的个性、兴趣、家长的目标与价值观。或许未来学校的形态是一种自组织的，在精确了解学生学习数据的前提下，学生完全可以跨越学校边界，自组织自己的学习服务。

（三）未来教育的业态会是虚实融合的

新一代移动网络、普适计算、云计算技术可以提供无所不在的网络与无所不在的计算空间。未来的人类社会、信息空间、物理空间将相互融合贯通，相互交织在一起，形成虚实融合的智能社会空间。在这个空间中，实体世界由原子构成，虚拟世界由比特构成。原子和比特有着本质的不同。原子构成的世界里“物以稀为贵”，“你”占有、消耗了的东西，就不能再属于“我”了。而虚拟空间中，数据和信息则是被分享的次数越多，价值越高。

这种原子与比特交织在一起的融合空间，将会出现新的社会规律，出现适应新的社会规律的新型业态。

人工智能+教育的跨界融合就衍生了全新的线上线下融合的教学服务业态，提供虚实结合的跨界教育服务，实现线上线下融合的双重教育服务供给，带来全新特征的育人空间。人际交往、个性养成、体质健康等问题的解决，需要实体、实在的空间，而知识的讲解、传播、分享等，虚拟空间可以跟实体空间做得一样好，或者做得更好，更有针对性。

线上线下融合带来大量传统教育无法提供的新形态教育服务，例如自动批改、人工智能解题、社交化学习、学习成果动态、即时反馈、在线辅导、在线答疑等，一本书、一纸教案的时代已经一去不复返了。比如在美国佐治亚理工大学，用 IBM 的 Watson 机器人代替助教，为学生授课 5 个月，学生有什么疑问都可以问这个机器人，其间没有任何学生发现使用困难或者效果欠佳等问题。今后，人工智能教师可能会比我们很多教师强，未来的教育服务业态将打破学校、班级建制，学校的育人空间不仅仅是实体的校园空间，网络上的虚拟空间也将在教育中起到越来越重要的作用，教师不仅属于学校，也属于社会，还属于网络，学生学习不仅在课堂，还在家里，在路上，也在网络上。

虚实融合的育人空间中，知识将越来越具有社会性，知识不是静态的，知识更具有流动性、情境性、社会性的特点，知识的扩散模型不再是教师通过教材作为中介的单点对多点的传播，而是群体之间、多点对多点的互动、改进和建构，更多体现出知识建构、知识连接的特点。通过知识连接形成社会认知网络，不仅仅是教学的手段，更是一种目标。我们的教学范式要从促进知识传递到促进学习者知识建构、知识连接转型。

虚实融合的育人空间中，学习内容的来源、学习方式发生了根本性变革，每个人既是知识的生产者，也是知识的消费者。学校和教育机构不再是封闭的社会单元，而是通过网络汇聚形成集体智慧聚变的节点，是一个充满活力、人性化和高度社会化的地方；不再是静态知识的仓库，而是开放的、流动的、社会性的、连接的智慧认知网络与个性化发展的空间。这种虚实跨界融合的生态环境不是一个割裂的学习空间，而是通过网络连接全球性社会、连接学生日常生活经验与未来生活，学习也不仅仅发生在教室和学校里，更是终身的、全面的、按需获得的。

（四）未来教育的形态将是泛在化和终身化的

随着无所不在的计算技术（Ubiquitous Computing）及移动通信技术的发展成熟，人们开始考虑用“U”（Ubiquitous，意指“无所不在的”）来取代原先的“E”（Electronic，意指“电子化、数字化”），描述21世纪“无所不在的”信息社会。从“E”到“U”看上去只是一个名词的改动，却蕴含了理念、目标、路径乃至整个战略框架的深刻转变。

未来的教育，互联网与教育深度融合，改变了传统教学的组织方式，学习已经不限于学校，突破了时空界限和教育群体的限制，人人、时时、处处可学。学习将无处不在，“泛在学习”（Ubiquitous Learning）的时代即将到来，任何人（Anyone）、任何地点（Anywhere）、任何时刻（Anytime）使用任何设备（Any Device）都可以获得所需的任何信息和知识（Any Things）。

泛在学习是嵌入性的学习（Embed Learning），学习融合于工作、生活和网络之中，成为一体，学习无处、无时不在，我们已无法觉察到学习的存在。这是一种正式学习与非正式学习相联结、个人学习与社群学习相融合、课堂学习与网络学习优势互补的融合学习形态。

泛在学习是正式学习和非正式学习的连续统一体，是跨越情境边界、跨越时间和地点的学习，能够满足学习者“时时学、处处学”诉求。既具有正式学习的特征，能够很好支持学校的学历教育和参加工作后的继续教育；又具有非正式的特性，是在工作、生活或社交等非正式学习时间和地点联结或内化知识的学习形式。

泛在学习是因时、因地、随需而发生的，使人们获得很多能够立即应用到实践当中去的知识和技能。它是一个适量学习的过程，是一种自我导向的过程，在学习者最需要的时候为其提供知识信息，而不论其处在什么样的场所。学习将是“我需要什么，就能获得什么”，而且是以最合适的组织方式、表现方式、服务方式来获得，是一种按需学习。

泛在学习是一种生活形态，是终身的、全面的。学习是实现人精神世界提升、享受尊严生活、实现可持续发展的核心途径。学习是一种生活形态，而非仅仅是为未来生活的准备，学习可以提升社会群体的精神幸福感，具有社会精神生产特征。互联网时代的发展日新月异，学习能力的养成是适应快速变化的关键，终身学习显得越来越重要，未来教育将是更加可持续的教育。

三　未来教育智慧化转型的维度

从教育数字化阶段的信息化教育到智能化阶段的未来教育，其核心技术、技术作用、技术观、应用定位、教育作用、教学方式、教育范式等都体现出了全新的特点。结合人机物三元融合、主动智能服务与人机结合分布式认知等智能时代的显著趋势，人与技术在此过程中将体现出全方位的共同进化。新的教育业务与流程将会出现，人的思维也将与技术实现双向融合，从而体现出智能技术全面变革教育的高层次追求。

智能化阶段的未来教育，将主要依托于智能技术与教育的深度融合，在基础环境、智能形态、培养模式、教育生态、育人目标五个维度，通过促进拥有主动智能的教育环境的建设、人机协同的教育智能的实现、大规模个性化的人才培养模式的变革、虚实融合的教育新生态的创立和智能时代创新人才的培养，全面促进教育的转型与变革，在未来的教育全过程中将普遍使用新技术、服务新场景、创生新业态、提供新服务，如图 3 所示。

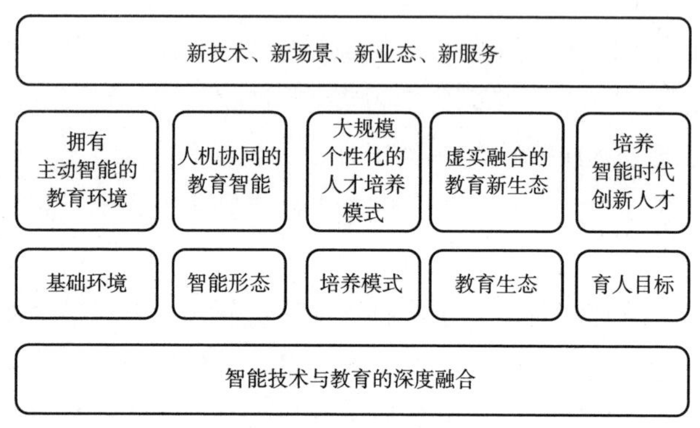

图 3　未来教育智慧化转型的五个维度

（一）拥有主动智能的教育环境

在基础环境维度，未来教育需要营造拥有主动智能的教育环境。主动智能主要体现在智能化教育环境通过多维度、多层次的多模态感知，借助高度互联的各类终端、设备，进行数据的深入分析与计算，实现按需和主动的智能教育服务供给，为环境中的学习者、教师等不同角色提供准确而高效的主动智能服务。这些服务需要涵盖教育过程中的学习、教学、育人、评价、教研、培训、管理和服务等各个方面（如图 4 所示），共同成为未来智慧化教育生态中的基础环境支撑。

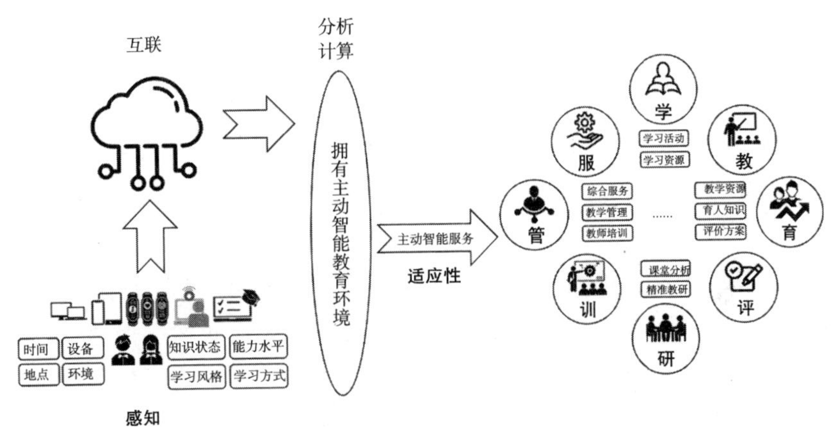

图 4　拥有主动智能的教育环境

拥有主动智能的教育环境主要由多模态感知、万物互联、数据分析与主动智能服务四个层面共同构成。

1. 多模态感知

主动智能的教育环境可以借助各类个人设备、教育装备与软件平台，实现多模态的学习者数据感知。在硬件设备层面，在个人电脑、平板手机等的基础上，还需要提供体质监测、语音识别、手势输入、触摸控制、脑电感知等相关设备的接入，使多模态的信息输入与数据融合成为可能。在软件平台层面，在线学习平台可以提供学习者的知识状态、学习风格、学习方式、能力水平等知识与学习层面的信息，与硬件设备采集的各类信息一同实现对学习者的情境感知。通过融合来自软硬件环境的多模态学习者信息，为主动智能提供数据来源的支撑。

2. 万物互联

主动智能的教育环境中存在种类众多、数量庞大的各类设备，这些设备之间都应该通过互联网、物联网等多种连接方式实现真正意义上的万物互联。处于不同物理空间的设备，都可以通过网络实现无缝、远程协同，共同为学习者构建虚实融合、线上线下融合、现场与远程协同的综合性育人空间。万物互联也使学生的学习场所突破学校物理空间的局限，使学生可以通过网络享受超越时空的教育服务，也可以借助不同学校、教育机构之间的远程协同，实现远程互动教学、全息远程协同授课[13]等新型的课堂互动。通过充分利用各类设备形成的万物互联，为主动智能提供数据汇聚的基础支撑。

3. 数据分析

数据驱动是实现主动智能教育环境的核心，智能教育环境需要对学习者数据、教育过程数据、教育装备运行数据等多种不同类型的数据进行分析与处理。

在学习与教育过程中，可以通过物联感知、视频录制、图片识别和平台采集等多种不同方式，采集来自学生的体质、生活状态、情感、课堂表现、作业与考试、在线学习日志等多种数据。借助数据挖掘与机器学习等技术，可以从海量教育数据中实现对学习者认知特征、学习规律的深入理解与精准诊断，破解常态教学中教师仅凭主观经验来分析学情的局限，[14]实现对数据背后的教育规律的挖掘分析，为主动智能提供决策与服务推荐的基础。

对于教育装备的相关数据，智慧学习环境也需要构建统一的教育装备数据分析平台，实现对智慧校园环境中各类教育装备的智能化综合集成与智能管控。

4. 主动智能服务

在感知多模态的学习过程全数据，连接不同种类的教育装备，进行深入数据分析与精准诊断的基础上，教育环境将拥有主动为学习者、教育工作者提供适切服务的能力。主动智能的教育环境可以捕捉用户的情境信息，结合后台积累的学习过程数据，构建需求结构模型，进行数据挖掘和智能分析，分析用户的习惯、喜好等显性需求与时空、身份、工作生活状态关联的隐性需求，主动为用户提供精准、高效的教育服务。

这种服务不仅体现在传统在线学习平台学习资源、学习内容的提供方面，也体现在学习活动、学习同伴、教师教学资源、育人知识、评价方案、教研活动支持、教师培训、教学管理和综合集成等方面，提供学、教、育、评、研、训、管、服的全方位教育服务。同时，这种教育服务的提供是主动的、自适应的。拥有主动智能的教育环境，将推动真正的未来教育智慧化生态的形成。

（二）人机协同的教育智能

在智能形态维度，未来教育的智慧化转型需要实现人机协同的教育智能。互联网带来了社会信息量以及知识数量的爆炸性增长，其存在延伸了人类的大脑，也深切地改变了人的思维方式，使人类面临着认知方式的变革。传统的学校教育必须直面这一全新的挑战。

未来教育中的智能技术，不是要替代教师的劳动，而是聚焦在对教师能力的增强上，形成一种教师与人工智能相互合作的、人机协同的、分布式的教育智能。通过人机协同的教育智能，教师和人工智能可以充分发挥各自的优势，相互合作，共同促进学生的全面发展。

人机协同的教育智能可以在多个不同的认知层次体现其作用。人工智能的计算智能，可以代替教师完成重复性的工作，如作业批改、考试组卷、阅卷评分、成绩统计、备课资源查找等；人工智能的认知智能，可以提高教师的工作效率，例如借助人工神经网络实现主观题的自动判别等；人工智能的感知智能，可以增强教师创新，完成传统教师无法或难以胜任的工作，例如帮助教师基于数据，精确了解学生体质发展及健康状况，并给出促进发展的训练方案；人工智能的社会智能，可以促进教师与人工智能的相互社会性增强，使人工智能真正成为学生情感层面的学习伙伴，与人类教师互为补充。[15]

对于教育而言，人工智能已经不仅是一个工具。智能化的教育环境及其中的海量数据、强大的计算力，可以为未来教育中的人赋能，从而超越人类个体认知能力的不足，实现认知外包。认知外包可以帮助个人超越个体认知能力的局限，通过人机结合，使个体洞察原本无法发现的、隐藏的关系和本质规律。这种赋能不仅体现在对学生学习的辅助上，也将体现在对教师、教育工作者的工作赋能上。

人工智能在未来教育智慧化转型中的作用，需要实现对教师的从代替到增强的转变。人机协同的教育智能将充分发挥机器与人类的不同优势，实现优势互补。人工智能将会取代教师简单、重复的脑力劳动，教师则需要更多发挥人类的创新、复杂决策、情感关怀激励等优势，在工作重心、工作形态、社会协同等方面发生转变。人类教师之间也将通过社会化协同的方式，在提高工作效率、降低工作负担的同时，发挥不同教师的特长，共同服务于未来教育质量的提升，促进教师工作的精细化社会分工。通过充分发挥机器与人类不同的优势，未来教育中的教育生产力将得到极大提高，教师的工作效率和工作能力将得到提升，从而满足智能化时代对于优质教育的不断增长的需求。

（三）大规模个性化的人才培养模式

在培养模式维度，未来教育的智慧化转型需要全面变革传统教育中人才培养模式。未来教育变革与转型下的新型人才培养模式，需要充分考虑智能教育环境的特点，体现出与传统的工业化教育中人才培养的显著区别。工业时代的人才培养模式更多是一刀切的、统一的、流水线模式的，智能时代的未来教育人才培养模式，需要同时满足规模化与个性化的要求，在服务大规模人群的同时，为个体学习者提供具有选择性和适应性的针对性培养。这种人才培养模式的变化，会全面体现在课程、教学、学习、评价等多个方面。

1. 课程的变革

未来教育的智慧化转型中的课程变革，主要体现在课程形态、课程结构和实施方式三个方面。

虚实融合将成为未来教育中课程形态的主要特征。智能教育环境中，在线教育的重要性将日益凸显，逐渐成为学校日常教学的常规设置，在线课程形态将会成为课程的一个有机组成部分。在线课程形态不是对传统课程形态的替代，而是对其的有益补充，应该成为学校日常教学中不可或缺的部分，通过线下、线上、虚拟等多种课程形式，为学生提供更加丰富的、能够满足个性化需要的课程，共同帮助学生知识的获取和能力的发展。虚拟和在线内容的加入，使课程的内容超越了教材与书本的限制，呈现内容形态立体化的特征。课程活动也需要充分考虑线上、线下融合的教学和学习模式，将线上和线下的学习活动统筹结合、相互衔接以形成学习活动的闭环。课程学习的过程也将跨越物理情境的边界，借助智能化的教育环境，实现融合虚拟与现实、线上与线下的无缝学习。

跨学科和整合性将成为未来教育中课程结构的主要特征。智能时代的学生需要面对复杂的现实世界问题，而不仅是书本上的、具有标准答案的问题，这需要整合利用多学科的不同知识，以学习者为中心、以问题解决为导向，并结合探究等形态的学习活动来体现。因此，智能时代的课程结构将在工业时代严格划分学科体系的基础上，更多体现跨学科的综合性特点。跨学科的课程整合并非多学科学习内容的简单叠加，而是融合多学科知识，面向同一目标实现的整体协调，共同构成整体性的课程结构。例如 STEM 的跨学科整合模式融合科学、技术、工程和数学的学科知识，体现综合利用多学科知识，于真实情境下通过协作解决实际问题，通过作品外化学习的结果，促进知识和能力的增长；[16]立德树人教育整合统筹语文、历史、思想品德等人文性学科，加强学科间的整体协调，发挥综合育人功能，[17]更好地促进学生的价值观塑造与健康成长。

个性化、适应性和精准化将成为未来教育中课程实施方式的主要特征。未来课程中知识性内容的传递，将更多由人工智能进行，相对于千人一面的统一教材，可以更多满足学生的不同知识需求。在智能技术的辅助下，课程的实施不再是统一步调的，可以做到根据不同学生的学习状态进行适应性、精准化的课程实施，由人工智能辅助教师完成。与此同时，课程中育人的部分，将更多以解决实际问题的探究形态呈现，需要教师体现其作为探究活动组织者和引领者的作用。课程的实施将会脱离书本所构建的情境，更多融入真实的情境，体现与学生现实生活的紧密结合，培养学生解决真实问题的能力。

2. 教学范式的变革

教学范式是以特定的学习理论与教学理论为指导的。智能时代的教学范式也将发生根本性的转型和变革。

传统工业时代的教学范式，是以教师“教”为中心，以课堂授课为主要模式，以知识传递为目的的，在此过程中，学生主要处于被动接受的位置。进入信息时代，学生除了在课堂上听课，还可以通过网络学习资源等形式获取知识。在建构主义的指导下，这一阶段的教学普遍认同学生必须在学习的过程中产生想法，并将其与自身先前的知识和情境相关联，通过社会互动，从而获取一个领域中的可靠知识，体现了知识建构的理念。在此过程中，学生可以借助各种认知工具，实现对已有知识的获取。

进入智能时代，在社会知识建构等理念的指导下，知识创生与知识增长受到了更多的重视。智能化的认知工具可以支持学习者在结合真实问题情境的整合性课程中，借助群体协作，进行具有意义的知识创生，超越群体已有的认知，拓展群体的知识边界。[18]知识创生不是为了接受某个已有的、可靠的知识，而是学习者通过协同的社会知识建构过程，突破自己以及所在群体的原有的认知水平，在真实的问题情境中拓展群体的知识边界。教师在社会知识建构的过程中不再是知识的传递者，而应该是设法帮助学习者实现群体知识的增长。从知识传递范式到知识创生范式的变化对比见表 1。

表 1　从知识传递范式到知识创生范式的变化对比

教学范式	时代	目的
知识传递	工业时代（传统教育）	传递已有知识
知识建构	信息时代（信息化教育）	建构已有知识
知识创生	智能时代（未来教育）	拓展群体知识边界

未来教育可以为知识创生提供良好的环境和智能化认知工具支撑，从而体现出在教学范式上相对于工业时代的转型与变革。

3. 学习范式的变革

从学习者的角度来看，未来教育也对学习者的学习范式提出了全新的要求。在智能教育环境中，知识的来源更加广泛，不再局限于教材和书本，互联网为学习者提供了广泛而海量的知识来源。学习者的学习方式也发生了变化，学习的场所不再局限于课堂和教室，借助多样化的智能设备，学习可以在任何时间、任何地点发生，成为真正的泛在学习。基于场馆、真实环境的非正式学习也将日益受到重视，与课堂内的正式学习相融合。这些变化都对学习者的学习范式变革提出了新的要求。

面对多样性的知识来源和泛在化的学习方式，学习需要体现出更深层次的认知发展与高阶思维能力的发展。智能教育环境中的学习范式，应该是主要面向创造、综合、评价、分析等高层次教育目标的深度学习模式。传统的教育是面向良构问题的，学习者对于知识需要经历领会、运用和情境化反思的过程；但在转型和变革后的未来教育中，学习者应当更多面向来源于真实生活的、情境化的问题，为了解决这类问题，需要学习者经历分析、综合、评价、创造等高层次的教育目标，从浅层认知向深层认知迈进，实现智能教育环境下的深度学习。智能技术在此过程中，除了辅助学生的认知过程，还将更多在反思、社会性建构、协作等过程中发挥作用。

4. 教育评价的变革

在教育评价层面，未来教育将全面驱动教育评价体系的重构。教育的评价依据将从主观经验判断走向客观数据支持，形成客观性的教育评价；教育的评价方式将从总结性评价走向过程性评价，形成伴随式的教育评价；教育的评价手段将从人工评价走向智能评价，形成智能化的教育评价；教育的评价内容将从单一评价走向综合评价，形成综合性的教育评价。

基于大数据的发展性评价将在未来教育中成为可能。在相关技术、设备的支持下，来自课堂、作业与测验、在线学习系统、体质监测设备和情感分析设备等多种不同来源的教育数据形成了教育评价中真正意义上的教育大数据，从而突破了传统教育评价的局限，教育评价的内容将从单一的学业成绩，向知识能力、学科素养、知识状态、学习轨迹、知识误区、学习风格、注意力、情趣情感等多个方面的综合性、发展性评价方式转变。

智能教育环境提供的评估反馈将不再是简单的分数与正误反馈，而是可以呈现发展性的综合评估报告。智能教育环境中对领域知识与学生知识状态的测评，可以为学生提供知识地图形式的评价与分析；基于对学生学习态度、情感状态等的识别，可以为学生提供学习中的非智力因素评价与分析；基于学科核心素养理念与学科能力层级的描述，可以为学生提供核心素养与学科能力的状态评价与分析。智能化教育环境下的各类软硬件设施，也将使问题解决能力、体质健康等传统评价体系下难以测量和评价项目的自动化测评成为可能。这些不同类型的评价与分析结果，可以与教师评价等主观评价相结合，共同构成学生学习过程中发展性评估报告。

依据智能化的教育评价结果，智能教育环境提供的主动智能教育服务可以实现真正的因材施教与个性发展。综合性的学业评价也可以同时服务于教师、学生和家长等不同角色，支持其教学、学习质量的提升与改进，体现出评价的发展性。

总之，未来教育中教育评价的各个方面都将体现智能教育环境下人才培养模式的变革，推动教育评价体系在各个要素上的全面重构（见表 2）。

表 2 未来教育转型中的教育评价体系重构

评价要素	在未来教育转型中的变化
评价可实现目标	注重知识、基本能力评价→关注德智体美劳全面评价
评价功能	甄别、选拔→精准改进、促进发展
评价对象	部分学生→面向所有学生、关注每一个学生
评价的能力本质	关注个体能力、绩效表现→关注团队、群体协作表现 关注个体的知识迁移运用→人机结合的知识应用
评价信息	单一模态的信息→多元化、丰富化、多模态化的信息
评价任务	非典型场景→真实化、生活化、趣味化
评价方式	显性化、总结性评价→嵌入式、伴随式、隐形性评价
评价结果反馈	滞后反馈→即时反馈 群体反馈→群体+个体反馈

未来教育下全面转型的教育评价，还会反过来促进和支持课程、教学范式和学习范式的个性化与适应性的实现。

（四）虚实融合的教育新生态

在教育生态维度，未来教育的智慧化转型将创立虚实融合的教育新生态。工业时代的教育生态以实体形态的学校为绝对主导。在未来教育的新型教育生态中，学校的办学空间将大幅度扩张，不仅包括实体空间，还同时包括网络的虚拟空间，学校的作用也将同步发生变化。未来教育中的学校和教育机构将不再是封闭的社会单元，而是通过与互联网的连接，形成一种全新的虚实融合的开放教育生态。

从物理层面看，学校将不再是一个割裂的学习空间，学校可以通过互联网连接到全球社会，通过智能技术连接学生的日常生活与未来生活，学生的学习将不仅发生在教室里，也将发生于信息空间中，同时体现出终身、全面、按需获得的特点，形成一种虚实融合的教育生态。

从社会层面看，通过网络，学校之间能够汇聚形成集体智慧，形成一个具备高度活力、人性化和社会化的学习场所，学校相互之间形成一种开放性、流动性和社会性的分布连接，形成一种开放的教育生态。随着教学环境的逐渐开放，学校不再是唯一的获取知识的主要场所，教师将不再是传授知识的主要角色，获取知识将不再是学生来到学校的唯一目的。学生在教育生态中的主体地位将会进一步凸显，学习内容的来源和学习的方式也会发生根本性的变革。每个学生既是知识的消费者，也是知识的生产者。学生通过互联网，在新型智能技术的帮助下，可以与大规模的知识进行虚实融合的有效互动。

在学习形态上，基于互联网、大规模知识库、开放学习平台的学习以及基于自然场景、场馆等真实场景的学习将会在学习者的学习过程中扮演更加重要的角色，共同成为传统学校教学的有益补充。学校不再作为静态知识的仓库，而是为学生提供一个群体智慧的交流空间，成为学生群体智慧发生裂变的节点与连接智慧认知网络的个性化发展空间。

同时，虚实融合、开放和无边界的学校会让教育真正成为生活本身，杜威提出的“教育是生活的过程”也将真正在面向未来的教育生态中实现。未来学校的课程形态、课堂活动、学校形态将发生改变，会更多地体现出正式学习与非正式学习相融合、在线学习与课堂教学相融合、校内学习与校外学习相融合的特点。

（五）培养智能时代创新人才

在育人目标维度，未来教育智慧化转型的最终目的和落脚点，是面向未来培养具有创新能力的人才。[19]当前人工智能在知识记忆、检索、处理等多个方面都取得了超越人类的表现，这呼吁教育工作者对智能时代的人才培养目标进行重新思考。

未来教育是促进人全面发展的教育。要关注人的核心素养，要培养全面发展的人，未来的社会一定是一个高度智能化的社会，人再做那些低级的脑力劳动肯定是做不过机器的，肯定是做不过人工智能这些东西的。我们培养的人不能是和机器竞争简单的思维、简单的计算，而是要培养人的智慧、人的综合素质、综合能力，要培养人的人格、善良、同情心，使其富有人的智慧、人的学识、能够解决实际问题、有深刻的洞察力，能够为自己的生活和社会承担责任。这就是我们国家新一轮教育改革强调核心素养的原因，这就是时代背景、时代发展方向——我们要培养全面发展的人。未来教育绝不能反复训练学生机器能做的事情，而是应该着力塑造人区别于机器的创造力、社会能力、价值观、意志力等，要着重培养学生的思维能力，使其形成完善的人格，具备善良的品质，富有学识、感情与智慧，能为自己的生活和社会承担责任，能够在困境中协调矛盾与应对不确定性。但是，当下一些企业所推动的人工智能教育应用服务，存在片面关注学习者考试能力、将人异化为考试机器的风险，这是对人工智能技术的错误应用，也是对未来教育中人才培养要求的错误理解。

未来教育的智慧化转型需要回应智能时代和知识经济时代的挑战，需要关注核心素养，培养全面发展的人。面向智能化时代的人才培养目标，不同的国家、机构也有不同的指向，例如美国 21 世纪技能模型、OECD《学习指南 2030》和我国提出的构建德智体美劳全面培养的教育体系等。这些面向未来人才培养的目标虽然细节不尽相同，但普遍都强调超越目前的知识观，强调人的全面发展，这是智能时代创新人才培养的核心。

未来教育的智慧化转型还要善于运用人机结合的思维方式。当前，数据、信息和知识正在以隔几年翻一番的速度加速膨胀，与我们每个人的学习时间、认知能力的落差越来越大。大数据时代下复杂社会的生存，呼唤着人机结合的教育智能，我们借助智能设备生存的时代已经到来。运用人机结合的思维方式，教育才能够既能实现大规模覆盖，又能实现与个人能力相匹配的个性化发展。我们要利用外部的工具或者智能设备来发展自己的智慧，认知外包现象将成为常态。人机结合的思维体系是我们未来思维方式非常重要的转变方向。一个人的智力是有限的，加上手机、电脑、人工智能以后，我们能处理信息的总量、处理数据的总量，应对突发事件的能力将会大幅度提高。人与电脑的结合可以突破人类个体认知的极限，使得我们能够驾驭超越个体认知极限的复杂性，能够处理超越个人认知能力的海量信息，能够应对超越个体认知能力极限速度的变化。

三　推进未来教育智慧化转型的关键

在理解未来教育智慧化转型五个维度的基础上，在实践中推动未来教育智慧化转型的发生与落地，还需要重点把握以下几个方面。

（一）建立数据无缝流转的生态体系

数据是智能时代的基础，也是实现未来教育智慧化转型的前提。要推进未来教育智慧化转型，需要学校成为教育大数据生态系统的基石，班级、实验室、课本和课程将成为最重要的数据平台。未来教育智慧化转型的发生，需要连接教育全过程中各种孤岛式的系统，在教育业务流程中形成无缝的数据流。既使用数据又生成数据，是未来学校在智能化建设过程中的重要特点。[20]

教育大数据的部署与实施，其关键并不在于建设数据中心，而在于破除数据孤岛和数据烟囱现象。由于数据的重要性日益彰显，基于多方商业利益的博弈和分离的信息系统现状，数据孤岛和数据烟囱现象成为制约大数据发展的核心困境。数据核心价值的更好体现，需要依赖于数据的透明、无缝流转和对接，[21]要使数据随着业务展开的流程来流转，形成以数据流转为核心的信息生态链条，使业务的环节能够无缝衔接。孤岛式的业务和服务如果能够被相互连接，就会使数据产生更大的价值。因此，在推进未来教育智慧化转型的过程中，应当以问题驱动解决当前存在的数据孤岛和数据烟囱问题。可以借助以 5G 为代表的新一代通信技术带来的边、云融合的教育专网结构，逐步破解教育信息化建设中存在的数据孤岛与数据烟囱问题，[22]建立数据无缝流转的未来教育生态体系。

（二）培养适应智能时代的数字教师

未来教育智慧化转型对教师的角色提出了更高的要求。农业时代和工业时代对教师教学的需求，分别体现了“个性化+小规模”和“非个性化+大规模”的特色。在智能化时代，社会公众和学习者对于教师教学的需求是“个性化+大规模”。智能化时代教师的主要角色，不再是工业化班级教育中的内容设计者，而是需要同时作为设计学习内容的学科专家、学习活动的导演和编剧、协作开展教学研究的同伴和学生发展的咨询师及引路人。

未来教育智慧化转型与变革对于教师的知识、能力提出了更高的要求，“整合技术的学科教学知识（TPACK）”、UNESCO 教师信息和通信技术能力框架等分别从教师的知识、能力和工具使用层面对教师提出了新的要求。未来教育智慧化转型下的教师，应当具备通过智能技术增强学习，以促进学习者高阶思维发展的能力；具备利用智能技术作为载体，促进深度学习，培养学生人生智慧的能力；具备从教学的角度驾驭技术的能力以及数字化的迁移、整合、交往评价能力；同时能够促进学生数字化能力的发展，帮助学生成为适应智能时代的全面发展的人。

与此同时，教师群体的专业发展方式也会发生变革，基于大数据的精准教研将助力传统的形式单一、经验主导和小范围协同为特点的教研方式转变为大规模协同、数据及时分享并深度挖掘的精准教研。数据驱动的精准听评课将协助教师从参与情况、内容和数据挖掘、人际网络、自我测评等多角度精准分析上课过程。精准推荐的优质学科资源将会进一步提升教师的学科能力。

（三）推进教育公共服务模式创新

纵观过去30余年信息技术在教育中的应用历程，其发挥的主要作用可以划分为三个主要阶段：第一阶段，信息技术在教育中主要作为媒体和工具存在，对应的教学模式为多媒体教学，这是教育数字化时代的主要特征；第二阶段，信息技术的主要作用是促进课堂教学结构的转变，集中体现在信息技术与课程整合的理念与实践中，这也是教育网络化时代的主要特征；进入智能时代后，信息技术对教育的作用需要走出课堂，融入教育全生态中，推动教育公共服务模式的创新与变革。

未来教育智慧化转型下的教育公共服务模式，将体现出个性化、泛在化、社会化、虚实结合等特点。学习分析与智能推荐技术，将推动教育供给个性化，可以为学习者提供个性化的教育资源和服务，满足学生的个性化发展需要；物联网与普适计算技术所构建的无处不在的智能空间，将推动教育供给泛在化，使教育服务无处不在，正式学习与非正式学习的融合也将嵌入日常生活之中；高速网络支撑下的实时通信，将推动教育供给社会化，提供教育公共服务的主体从单一的政府和学校拓展到企业和社会；VR/AR/MR等虚拟现实技术，将推动教育服务业态虚实融合，使线上供给成为可能，线上与线下的无缝学习空间为实现教育公共服务供给提供多样化的服务模式。

《中国教育现代化2035》提出，要加快信息化时代教育变革，实现规模化教育与个性化培养的有机结合。[23]面向这一目标，教育的公共服务模式需要面向智能化时代进行转型和升级。以人工智能、互联网为代表的新一代信息技术是破解规模化覆盖于个性化支持难题的重要途径。未来的教育公共服务模式，需要从供给侧入手，从内容、方式、形态、结构、决策和监管多个方面，进行公共服务模式的创新与变革，如图5所示。

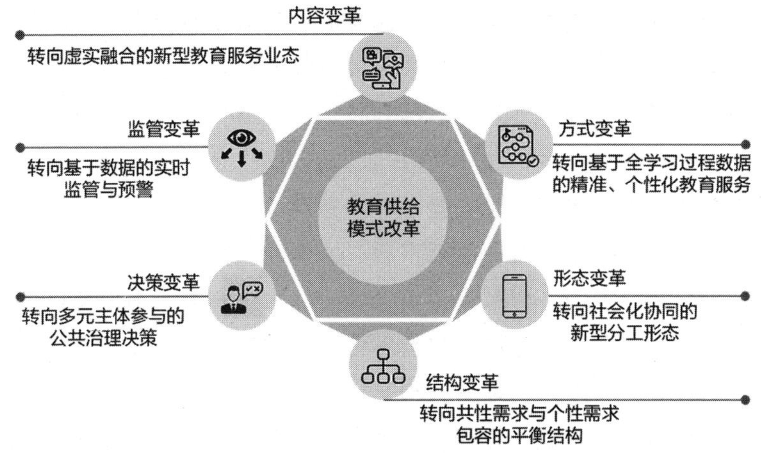

图 5　未来教育公共服务供给模式的变革

北京市推行的“双师服务”开放辅导模式，就是未来教育智慧化转型创新教育基本公共服务方式的一个典型案例。这一公共服务模式的新探索，充分体现了从线下供给到基于互联网的教育服务供给内容的转型升级，体现了从面向群体的供给到面向个体的精准化、个性化、适应性的供给方式创新，体现了共性需求和个性需求兼顾的教育供给结构的完善，体现了政府主导、多元参与的教育供给决策的变革。[24]

（四）打造可持续的教育服务生态

要推进未来教育智慧化转型，教育服务的专业特性会越发凸显，不同种类的教育服务之间将具有越来越明显的区隔与门槛。因此，专业性的教育服务是支撑以学校为基本单位的未来教育生态运行的重要基础。专业性的教育服务会同时体现在技术层面和教学指导层面。

在技术服务层面，随着以深度神经网络为代表的人工智能技术、以 5G 为代表的通信技术、以 VR/AR 为代表的智能视觉技术等的越发复杂，对于学校而言，直接拥有和掌握技术变得不切实际，也超越了对于一般教育工作者的技术知识要求范畴。因此，相关的技术需要以服务的形式存在，技术系统实体并不由学校来建设，而是由专业的机构和企业进行提供，学校作为教育生态的参与者和终端执行者，通过服务购买的形式即可使用对应的技术服务，学校拥有的不是技术，而是技术支撑下的智能化服务。要推进各生态主体的紧密协同，未来教育的服务生态体系中，政府、服务提供商、教育用户和学校构成生态主体。在实际推进未来教育智慧化转型的建设工作中，学校须转变自身的信息化理念，从原本拥有技术转变为拥有服务，将自身的注意力转移到使用教育服务解决实际教育问题上，而教育服务建设、维护工作由专业的教育服务商来承担。企业是教育服务商的主体，应协同创建教育服务的互操作标准，促进教育服务的全贯通、数据全流转，最大限度地降低教育服务间的通信壁垒。教育服务商要根据学校的教学需求，为学校提供通用的教育服务，在满足教育服务准入规范后将通用的教育服务接入服务中心。无论学校是否处在经济发达的地区，均有机会接入个性化服务空间，享受优质的智能化教育服务，实现教育的获得公平。政府在智能化教育服务生态方面起着引导和规范教育服务的作用，一方面，国家级、省级、地市级、区县级、学校需要相互沟通，建立符合各级政府需求的教育信息服务体系和服务规范，准许符合教育服务生态准入标准的企业提供教育服务，同时建立相应的教育服务评价规范和淘汰机制，不断推动教育服务商完善和优化服务；另一方面，政府也需要建立服务租赁和购买机制，培育、建立教育服务市场，以促进教育服务稳定、持续发展。[25]

在教学指导层面，依托智能教育环境中的全学习过程数据，结合学科知识与能力建模、学习问题诊断与分析、学科优势发现与增强等方法，综合培训、教研、下校指导活动以及权威学科专家群的专业支持，智能教育环境中可以实现以区域教学质量改进为目标的教学指导服务。相关的教学指导服务，可以由专门的高校、科研机构组织相关的学科专家、教学专家，向中小学提供，帮助其改进整体教育质量。相关的专业性教学指导服务已经存在一些实践的案例，例如北京师范大学未来教育高精尖创新中心通过其研发的“智慧学伴（Smart Learning Partner）”平台，实现了精准教学模式，并通过智能化诊断、可视化分析、自适应教学策略选择与个性化学习资源推荐等关键环节，[26]实现以学定教、因材施教和以评促教的教学优化，为全国范围内的十余个区域、上百所学校提供了专业化的教学指导服务。

（五）重构教育生产关系结构

社会发展是由社会分工和技术发展所共同促进的。20 世纪 70 年代著名智库报告《增长的极限》曾提出一种预言，认为随着人口的持续增长和工业的发展，迅速减少的资源将成为工业社会持续发展的制约因素，在人类社会工业化达到顶点后，人口和环境污染的持续增长会使得人类社会面临增长的极限，甚至引起全人类社会的崩溃。[27]但经过了近半个世纪，并没有出现这种情况，根本原因在于该报告的提出者忽视了科技的发展以及社会生产关系的变革带来的社会发展与进步。互联网的出现，使陌生人之间的大规模社会化协作成为可能，扩大了协作的范围，促进了社会分工的变革，显著提高了社会运行的效率；智能技术的普及，使人与机器之间的人机协作成为可能，将人类从简单重复的劳动中解放出来，同样能够显著提升生产效率。人际协作与人机协作的结合，突破了这一增长的极限。

对教育领域而言，增长的极限体现在社会大众对个性化、高品质教育的需求和基于学校的标准化的、班级的、单一渠道的教育服务供给之间产生的突出矛盾。在未来教育智慧化转型的背景下，借助教育生产关系的变革，将有望破解这一教育核心矛盾。

未来教育要想破解规模化和个性化并存的难题，需要着力提高教育生产力。一方面需要智能技术的应用，充分发挥机器与人类不同的优势，实现人机协同；另一方面则需要深化教育社会分工，通过教育服务供给方式变革体现人际协同。通过多个教师组成的课程团队之间的跨团队合作、课程团队与人工智能教师之间的协作，分别承担更加精细化的社会分工，提高教育生产力，从而为公众提供更优质的教育服务。

智能技术的运用和社会分工的深化，需要消除一切阻碍技术深化社会分工的不合理的制度体系，推动教育生产关系向适合新的教育生产力的方向发生变革。智能技术在推动社会结构性变革的过程中，承担的不仅是技术工具的角色，也会改变一些重大战略实施的生态环境，因此对这些战略的落实也需要提出变革性的思路。总之，教育信息化不仅是教育现代化的手段，也是教育现代化的基本内涵和显著特征。

四　结语

当前我国的教育信息化事业，正处在向智能化时代未来教育智慧化转型的关键时期。教育界需要在准确、深入理解智能时代大趋势的基础上，结合未来教育智慧化转型的基础环境、智能形态、教育模式、教育生态、育人目标五大维度，确保无缝流转的数据、适应智能化环境的教师队伍、教育公共服务新模式、专业性教育服务和新型教育生产关系作为未来教育变革与转型的关键得到充分保障。

正如本文开始提出的理解未来教育的形态应该有一个信念“今天的教育和老师不生活在未来，未来的学生将生活在过去”，当下，未来教育智慧化转型正在未来的路上，参与教育信息化的每一位教育工作者，都应该为未来教育带来的转型与变革做好准备。

参考文献

［1］潘云鹤：《人工智能 2.0 与教育的发展》［J］，《中国远程教育》2018 年第 5 期，第 5-8+44+79 页。

［2］余意、易建强、赵冬斌：《智能空间研究综述》［J］，《计算机科学》2008 年第 8 期，第 1-5+20 页。

［3］喻国明：《未来媒介的进化逻辑：“人的连接”的迭代、重组与升维——从“场景时代”到“元宇宙”再到“心世界”的未来》［J］，《新闻界》2021 年第 10 期，第 54~60 页。

［4］喻国明、耿晓梦：《何以“元宇宙”：媒介化社会的未来生态图景》［J/OL］，《新疆师范大学学报》（哲学社会科学版），1-8［2021-11-27］，https：//doi. org/10. 14100/j. cnki. 65-1039/g4. 20211119. 002。

［5］［22］余胜泉、陈璠、李晟：《基于 5G 的智慧校园专网建设》［J］，《开放教育研究》2020 年第 26（5）期，第 51~59 页。

［6］［20］余胜泉、王阿习：《“互联网+教育”的变革路径》［J］，《中国电化教育》2016 年第 10 期，第 1~9 页。

［7］张钹：《人工智能进入后深度学习时代》［J］，《智能科学与技术学报》2019 年第 1（1）期，第 4~6 页。

［8］HOLLAN J，HUTCHINS E，KIRSH D. Distributed cognition：toward a new foundation for human-computer interaction research［J］. ACM Transactions on Computer-Human Interaction，2000，7（2）：174-196. DOI：10. 1145/353485. 353487.

［9］刘俊生、余胜泉：《分布式认知研究述评》［J］，《远程教育杂志》2012 年第 30（1）期，第 92~97 页。

［10］余胜泉：《技术何以革新教育——在第三届佛山教育博览会“智能教育与学习的革命”论坛上的演讲》［J］，《中国电化教育》2011 年第 7 期，第 1-6+25 页。

［11］［15］余胜泉、王琦：《“AI+教师”的协作路径发展分析》［J］，《电化教育研究》

2019 年第 40（4）期，第 14-22+29 页。

[12] 中华人民共和国教育部：《教育部关于印发〈教育信息化 2.0 行动计划〉的通知》[EB/OL]（2018-04-18）[2021-11-21]，http：//www.moe.gov.cn/srcsite/A16/s3342/201804/t20180425_ 334188.html。

[13] 蔡苏、焦新月、杨阳等：《5G 环境下的多模态智慧课堂实践》[J]，《现代远程教育研究》2021 年第 33（5）期，第 103~112 页。

[14] [26] 刘宁、王琦、徐刘杰等：《教育大数据促进精准教学与实践研究——以“智慧学伴”为例》[J]，《现代教育技术》2020 年第 30（4）期，第 12~17 页。

[16] 余胜泉、胡翔：《STEM 教育理念与跨学科整合模式》[J]，《开放教育研究》2015 年第 21（4）期，第 13~22 页。

[17] 田慧生：《落实立德树人根本任务　全面深化课程教学改革》[J]，《课程·教材·教法》2015 年第 35（1）期，第 3~8 页。

[18] SCARDAMALIA M, BEREITER C. Knowledge Building and Knowledge Creation: Theory, Pedagogy, and Technology [M] //The Cambridge handbook of the learning sciences. New York, NY, USA: Cambridge University Press, 2014: 397-417.

[19] 祝智庭：《智慧教育新发展：从翻转课堂到智慧课堂及智慧学习空间》[J]，《开放教育研究》2016 年第 22（1）期，第 18-26+49 页。

[21] 杨现民、陈世超、唐斯斯：《大数据时代区域教育数据网络建设及关键问题探讨》[J]，《电化教育研究》2017 年第 38（1）期，第 37~46 页。

[23] 中华人民共和国中央人民政府：《中共中央、国务院印发〈中国教育现代化 2035〉》[EB/OL]（2019-02-23）[2021-11-22]，http：//www.gov.cn/zhengce/2019-02/23/content_ 5367987.htm。

[24] 陈玲、余胜泉、杨丹：《个性化教育公共服务模式的新探索——“双师服务”实施路径探究》[J]，《中国电化教育》2017 年第 7 期，第 2~8 页。

[25] 余胜泉、陈璠：《智慧教育服务生态体系构建》[J]，《电化教育研究》2021 年第 42（6）期，第 5-13+19 页。

[27] [美] 德内拉·梅多斯、乔根·兰德斯、丹尼斯·梅多斯：《增长的极限》[M]，李涛、王智勇译，北京：机械工业出版社，2013。

Smart Transformation of the Future of Education

Yu Shengquan, Liu Enrui

Abstract The future is not only a concept of time, but also a selective value concept. Understanding the future from the perspective of education is a better educational expectation, a new educational aspiration for change, transformation and development with the times, as well as a yearning for modernisation of education. This paper combines the three major development trends of the intelligent era: namely, the triadic integration of human-machine and material, active intelligent services and distributed cognition combined with human-machine, puts forward four core features of future education supported by intelligent technology, and proposes the key to the transformation of future education wisdom from five dimensions: basic environment, intelligent form, cultivation mode, education ecology and cultivation goals, including an education environment with active intelligence, human-machine synergy of The key to the transformation of future education wisdom is proposed in five dimensions, including an education environment with active intelligence, education intelligence with human-machine collaboration, a large-scale personalized talent cultivation model, a new education ecology with virtual-real integration and innovative talent cultivation in the smart era. On this basis, five key recommendations are put forward for the practical implementation of future education wisdom transformation, which are expected to provide certain reference and application inspiration for the transformation and change of future education in the smart era.

Keywords Future Education; Transformation and Change; Artificial Intelligence; Big Data; Artificial Intelligence Educational Applications

[责任编辑：张慕华]

未来学校建设

未来学校空间设计的理念与方法

李　静　龚　坚　朱永海　张　翔

【摘要】未来学校的空间设计包含六大理念：全过程设计、创建学习微环境、非正式学习空间、创造学术居住区、教学跨学科整合、生态与自然教育，对应提出六种空间设计方法，包括课程体系推导任务书、空间留白给教学环境、插入非正式教学模块、宿舍的共享学术客厅、多元实验室灵活教学和室外景观成为新课堂，以适应未来学习。

【关键词】未来学校　学习空间　建筑设计

【作者简介】李静，中国建设科技有限公司人才培训中心（北京 100089）；龚坚，中国建筑标准设计研究院有限公司（北京 100089）；朱永海，首都师范大学初等教育学院（北京 100089）；张翔，北京师范大学未来教育高精尖中心（北京 100089）。

未来学校是为培养面向未来社会发展的人才而提出的一种新的学校理念。未来学校不仅需要现代教育技术作为支撑，而且在个性化学习和教学活动中，也会带来新的变化。作为通常意义上的学习发生地，学校也在经历着空间的变化：可以以积极的心态去预测发展趋势，并设计学校新形态。

一　未来学校发展趋势

（一）未来学校概念梳理

有关未来学校的概念众说纷纭，从未来学校空间设计视角来看，诸多学者提出了不同观点：如朱永海（2021）指出：未来学校结构的十大特征之一是“学习空间变革”：学习空间逐渐呈现开放式布局，封闭的教室、办公室和食堂等将不复存在，教室内部也逐渐呈现开放式空间布局，教室和食堂、功能教室等都是开放性的学习场所，建筑设计更加符合学生生理学特征，智能控制能力加强；田爱丽（2019）认为环境设计与建设需要关注校园环境、校园建筑、学习空间、设施设备和信息技术；[1][2]张禹等（2019）认为未来学校要营造智慧灵动的学习空间；[3]曹培杰（2018）认为，要打破工厂车间式的教室布局，增加学习空间的开放性和灵活性，支持教师开展创造性的教学活动；[4]董灏等（2018）认为，应该把活跃的交流平台与个体性和集体性并存的教育活动空间作为目标。[5]另外，对未来学校特征的研究较多，如朱永海（2021）指出：未来学校将会以开放的“学习中心”为基本特点；[6]崔璐（2019）认为未来学校的特征，分别为个性化的学习、开放化的管理、多元化的师生关系；[7]张治等（2017）指出未来学校的主要特征就是“互联网+”；[8]倪凯颜（2017）指出：未来学校具有无边界、自组织、个性化、协同性、融合性等特征。[9]

（二）教育理念导入未来学校空间设计

学校整个过程规划出现新的发展趋势，呈现“一张蓝图绘到底”。先讲理念谈规划，再对课程体系进行设计，最后才是学校空间设计。过去学校建设缺乏和校长沟通，或者校长缺乏主动思考设计的意识，容易逆向而为，建筑设计师用自创理念开展学校设计与建设，最后把钥匙交到了一个“陌生”的校长手里，难以和校长的办学理念弥合，教学理念和规划设计来不及梳理清楚，就仓促应用于招生教学。未来学校设计理应先做顶层设计，包括由负责建设的校长先梳理治校理念和办学思想，规划学校文化建设，再和建筑设计师充分沟通，由专业空间设计师，在建筑设计需求中直接反馈教育理念。

（三）空间氛围促进自主学习

小学义务教育阶段学生的学习，主要强调的是基本理论和知识学习，到了中学阶段学科难度分级。今后学校的建设，会主动适应这种空间分类的教学组织特点，进行空间分类，并逐渐向高等教育阶段的院系、学科设置特点靠拢，或者需要在初中阶段就开始引入老师工作室的概念。随着“走班制”

的海量课程体系越来越普遍，学校将会打破现在完全区分行政班的模式。新的教学空间学习氛围非常重要，它能直接激发学生的自主学习和群体学习的积极性。今后的教室设计将逐步走向非标准化教学单元，微环境空间的创建将呈现多元趋势。

（四）学习行为随时随地发生

笔者在调研过程中采访了一位校长，作为一名教育工作者，他坦言“在田间地头，好老师都能教出好学生”。启发有二，一是教育空间的设计应该有利于学生产生随时随地的学习行为；二是教育空间的应用是辅助学习活动而不是限定形式。所以从人真实的学习场景出发，桌椅黑板未必是必备的，但场域氛围是必不可少的。教学提倡交流互动，设置大讲堂侧重于讨论，适合外向活泼的学习者学习；但内向生也有自主学习的风格，半开放型或团队型的空间也要塑造好、运用好。

（五）宿舍功能的多元化发展

在近几年的学校设计方案中，不少学校都希望在学生宿舍建筑中增加更多的服务空间。在更大规模的校园规划时，宿舍的规模已经可以称得上是学生的居住区，每个人都逐渐开始接受“学院派居住区”的概念。学生回到寝室并不代表就寝，跨班级、跨年级、跨专业的沟通都能发生。我们主张宿舍设计要注重空间质量，这样的客厅空间将有助于学生碎片化的学习。文体活动、社团活动、日常生活服务等，都是学校以后要赋予寝室的功能。

（六）科目学习边界趋向模糊

传统的专业教室强调明确划分，在未来学校中，这些教室功能将越来越趋向于一个教育综合体，有流动的空间，有流动的知识，有流动的人群。摒弃楼道加同规格教室的工业化痕迹，不是培养同质人才按照同样的流程走，而是在新的教学场景中，配有实验室、操作间和工具间等。未来学校提倡模糊学科界限，注重自主思考和动手能力，在实践中形成思维和操作能力的多学科融合。

（七）生态教育全面拥抱自然

我国生态文明建设进入新的历史阶段，国家对教育提出新的人才培养要求，无论是“两山理论”的提出，还是“双碳人才”的稀缺。从另一个维度来看，自然教育一直提倡让孩子在劳动中接受教育，在生态自然体系下培养符合天性的体验者。一个是释放学生潜在的能量，一个是锻炼优质的生存能力，培养坚强的生命。在学校规划设计中，通常把城市规划和学校建设指标中的绿地率作为完成规定动作种树种草的必备指标，在景观环境中仔细思考教学目标，就能高效补充生态教育。校园绿地可同时承载多种功能，包括：阅读、表演、身心纾解、玩耍嬉戏、社团活动、自然课程、种植试验、校园农场等。如果学校有多块这样的绿地，就会相互连接，形成一个生态绿地系统，这不仅是大自然循环运转的缩影，也是学生最鲜活、最直接的生态教学点。

二　六大空间设计理念

（一）全过程设计

基于学校举办者的办学理念，从最初的需求研判就应该开始考虑整个流程设计的起点。在校长带领教育者进行学校规划和教学理念梳理的初始团队中，应有一位建筑设计师协助规划教学活动，并对空间需求进行及时反馈。这样，创新的设计形式就可以与教学及学科融合，并体现在空间变化上。强调设计师和办学者的衔接，在更灵活的空间处理上，将复合型的功能需求贯彻到实实在在的学校建设中去。

（二）创建学习微环境

现在的学校建设在提倡专业化教室时，容易走入一个误区，即大量占用面积、重金购置设备、室内精装修繁杂。这种方式只便于“参观”，在学校的日常管理中很难做到真正意义上的有效使用，需要将有限的资金、设备和空间等资源投入让更多学生享受到普适性学习环境的提升上来。而未来学校微环境创造的要求，则是鼓励在特定的教室里，实现多样化应用场景。通过家具摆放形式的不同，以及装配式内装修的技术方法，学校可实现空间模式的快速转换，使师生能够根据实际教学需求创造教室环境。

（三）非正式学习空间

非正式学习空间往往不是刻意而为，它会因为学校整体结构的改变，自然而然地形成和被利用。教育综合体的夹层结构，集约用地条件下的教学区、公共区、观演区、交通区等，在功能受限的情况下，可以将其集合在一起，如图 1 所示。

图 1　北京未来城十一学校走廊上的非正式学习空间

资料来源：中国建筑标准设计研究院 cbs. com. cn。

交通区域最容易衍生出“非正式学习空间”，观演区域也可以作为身临其境的学习场景灵活运用。在城市郊区，学校用地面积比较宽裕的情况下，可以共享辅助区。不管是按照书院、年级、班级的方式来划分，还是按照集团化的方式来规划校园，开放的、半开放的区域，都有发展成为“非正式学习空间”的机会。不同于以往形成的固有面积浪费的观念，交通和半室外空间有意加大面积，反而能营造出更多学习和体验的场景，如图 2 所示。

（四）创造学术居住区

学校建设要积极营造学术居住区，不完全以舒适、温馨为导向。寄宿制学校在我国承担着重要的教育功能，特别是在欠发达地区，学生不能实现每天上下班式的走读，将全部集中在学校学习和生活。考虑生活区与教学区直线距离、动线交叉等情况，学术居住区的建设，一方面倡导不同专业背景、

图 2　华盛顿州立大学北岸公寓大厅成为学术居住区的共享客厅

资料来源：www. archdaily. com。

学段或年级等的学生，在非学术活动中可以进行自然的交流，这样有利于学生在社团层面上的互动，同时对于学生来说，这也是一种社交磁场；另一方面，要延续非正式学习空间的概念，提供一定的便利条件，使学生能在宿舍所在区域内进行充分的交流与学习。

（五）教学跨学科整合

跨学科的融合不仅仅体现在课程体系和教学教研过程中，更重要的是在教学空间上也有非常具体的要求。可移动家具通过配置，可实现合班教学、分班教学的灵活切换。不同用户对同一空间的使用需求也会有所差异，通过选择一些装配内装的部品模块，可以让这个空间适应人的操作。

未来学校在空间设计的时候，要考虑支持跨学科的融合，这也是比较简单的技术策略。如学校要开设 STEAM 课程，能使教室好用的设计包括：电源配置充足，满足各种机械的接入和使用；地面、吊顶多点插口，使学生位置不受限制；工具和各种材料存取方便的库房，收纳功能强大；教室的照明、暖通条件，对学生的创作、实验条件给予支持，如图 3 所示；在特殊操作下，特定教室具有避震、降噪、隔音等防止干扰其他教室教学的设计特点；网络和通信设施支持学生的设备连接和远程操作，这一类的情况很多。根据跨学科教学的特点，学校需要把钱花在刀刃上。无论是项目式学习（PBL，Project-based learning）课程还是校本课程体系的创新，每一间教室都可以真正直接为课程服务，为师生服务，实现以学习为中心。

图 3　北京乐成国际学校的 STEAM 教室

资料来源：作者拍摄。

（六）生态与自然教育

随着海绵校园技术的普及，以及景观表达的校园文化逐渐成为趋势，学校室外环境承载的教学内容类型也日益丰富，如图 4 所示。学校可以根据所处的地域气候特点和历史文脉信息，衍生出别具一格的校本课程。此类课程大多可以跨越年龄和专业，在国外的教学案例中通常被归类为通识课程。在学校的花园里、菜园里、果园里，学生们可以播种，可以堆肥，可以建昆虫旅馆，还可以做雨水回收处理装置。让学生们了解农耕文化和五千年的农民劳作历史，锻炼勤于动手的本领，从美育、德育和劳育中汲取营养。

生态自然教育鼓励学校尊重学生热爱自然的天性，把人与自然的联系方式用科学来说明。它以自然环境为背景，以人为媒介，运用科学有效的方法，使学生与自然融为一体。通过系统的手段，实现学生有效地收集、整理、编织自然信息，形成有效的社会生活逻辑思维的教育过程。综上所述，

图4　北京小学通州校区改造前后对比——校园中的景观铺装

资料来源：中国建筑标准设计研究院 cbs. com. cn。

生态文明建设是伴随着学校未来发展而不可或缺的，绿色校园将为科技人才的迭代成长提供有利的土壤。

三　六种空间设计方法

（一）课程体系推导任务书

《校园规划与建筑设计任务书》以学校的课程体系为推导依据，成为开展校园空间有效设计的技术抓手，北京市中关村第三小学万柳校区就是一个典型案例。这是一所办学规模为36个班的全日制小学，总建筑面积4.5万平方米。校区建设设计的一大亮点就是地处繁华都市正中央，通过架高操场，并在操场下建设“半地下室”状的室内篮球场，从而满足了“风雨球场”的需要，同时也符合两种运动场所对环境的要求，还能够有效实现通风和采光，如图5所示。

万柳校区中常见的活动教室，源于学校管理人员的“班组群”理念。[10]教学机构以90分钟为一个学习模块，提供多种学时组合的可能性。在日常教学中，由两个或多个学科教师自主协商，对学时分配、教学组织等进行灵活安排。从教学需要衍生出来的教室结构，可以是三个教室加一个大小相似的开放式教室，以此组成学校新的教学单元结构。于是传统意义上的教室之间的墙壁消失了，取而代之的是开闭式的活动隔断，“团队小组”的概念在空间设计上得到了落实，如图6所示。未来学校建设应鼓励办学者将

图 5　北京市中关村第三小学万柳校区

资料来源：中国建筑设计研究院有限公司 www.cadri.cn。

教学理念前置，从教学行为产生的需求出发提出空间设计要求，设计师进而根据需求汇总生成定制化的设计任务书，这样学校才能将理念转化为空间支持，将课程转化为行为支持，将课堂转化为氛围支持。

（二）空间留白给教学环境

北京市第三十五中学高中部，是一所全日制普通高中，建筑面积 6 万多平方米。在北京胡同的肌理之上，延续四合院风格，营造出具有鲜明文化特色的教书育人环境。校园内既有常规教室，又有乐器博物馆、鲁迅故居、鲁迅书院等。在校园环境设计上，依据历史遗迹在地面标注了胡同文化的图文资料。

校园文化建设不是通过建筑、构筑物、装置把大量的信息塞进校园，而是在教学环境中留白，这样往往能释放出更多的空间功能。通过光影，北京市第三十五中学高中部的雕像、地面图形，与传统廊道交相辉映。这些传统廊道恰恰是走班制教学中学生们堆放书包、互相来往的必经之地，如图 7 和图 8 所示。今后的学校建设要注重营造学校的空间氛围，特别是室内外的微

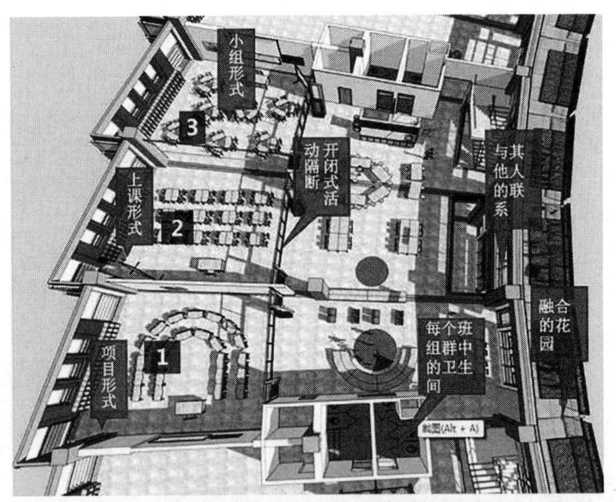

图 6　中关村第三小学万柳校区的班组群教室设计模式

资料来源：中国建筑设计研究院有限公司 www. cadri. cn。

环境设计，以促使空间环境更好地支持教学任务，达到促进教师与学生、教师与教师、学生之间相互交流的目的。

图 7　北京市第三十五中学高中部校园

资料来源：中国建筑设计研究院有限公司 www. cadri. cn。

（三）插入非正式教学模块

非正式学习空间不仅仅是在设计中加宽走廊或设置过厅，在校园规划设计动线布置上还可以更改设计。在学生从普通教室到专业教室或到报告厅的路线设计上，要考虑让学生能方便抵达阅览休息区，这样在设计交通节点上

图 8　北京市第三十五中学高中部的门廊和连廊

资料来源：中国建筑设计研究院有限公司 www. cadri. cn。

就有可能出现非正式的学习空间。那些安排公共教学、健身房、食堂等功能的场所，实际上是学校的中介区域，也容易出现非正式学习空间。在室内微缩空间的处理上，通过家具的分割或出入口位置的调整，可以为内向的学生创造出许多方便自己独处、学习的边角位置。而外向的学生，则有可能在宽松的楼梯台阶上进行交流讨论，也有可能在餐厅的特定位置进行。这些位置需要精心设置预留，并在后期装修时予以重点考虑，如图 9 所示。

图 9　天津生态城幼儿园

资料来源：中国建筑标准设计研究院 cbs. com. cn。

（四）宿舍的共享学术客厅

随着城市功能与教育功能的集合，校园用地需要进行全面分区、整体统筹。城市核心区的学校从建设到投入运营，给城市带来巨大的交通压力，同等重要的是交通的衔接和社会车辆的协同管理。一方面，城市建设将加大基础教育段在社区的学校密度；另一方面，越来越多的学校将增加住宿便利，提高教学与休息质量。学术派居住区的表现形式，可以与青年公寓、创客小镇联系起来。基本起居的功能只占很小的面积，腾挪出来的空间实现了共享起居室、共享书房、共享会议室等配置。未来学校的智慧校园技术，应该支持学生在学术住区的各种地面和地下空间，用大量的扫码预约，随时选择个性化的服务。这不仅是空间和时间的双重节省，还可以通过社交、社团、服务等不同方式，为学生提供各种学习和沟通的选择，如图 10 所示。

图 10　北京乐成国际幼儿园的综合艺术教室

资料来源：作者拍摄。

（五）多元实验室灵活教学

受国际教育理念的影响，不少学校开始重视跨学科空间一体化的设计及效果。在教师需要灵活布置空间的时候，可以利用可移动的家具，实现合班教学。在相同面积条件下，满足不同使用需求的同时，还可以建立交互空间系统。多元实验室灵活教学的前提是供电、通风、供水等条件的预留。学生对所学知识的理解和重构，是通过在问题情境中思考，促进知识的吸收和迁移。例如生化实验室、物理试验室等设计，建筑空间应该与试验项目的任务吻合，与学生高阶思维能力相融合，让学生在真实的环境中把试验操作和知识体系融会贯通。

（六）室外景观成为新课堂

人类热爱自然的天性，学校建设者需要作为校园景观设计的重要考量因素。学生的户外活动空间，除了运动场外，很重要的就是室外景观环境，校园里的绿地就是生态文明教育的试验田。在学校建设中，校长们最容易上手且低成本的操作，是尝试建设昆虫旅馆和雨水收集系统。在中小学建设中，学校的校本课程也可以从学校自身的生态系统、景观环境、室外教学园地进行挖掘。校长们可以尝试把学校空间和特色课程体系进行融合，构建独具特色的教学内容。校园内的种植池、坡道、景观场等，可以激发学生观察分析、热爱劳动的热情，并可以对运动能力的提高起到辅助作用，如图 11 所示。

图 11　天津生态城小学景观

资料来源：中国建筑标准设计研究院 cbs. com. cn。

北京乐成国际幼儿园，位于 CBD 地区，用地紧张，采用屋面栽植的方式开设屋顶花园和菜园，作为日常课程场地的组成部分。上海青浦幼儿园，室外场地都处理成略有起伏的微地形，一方面有组织地进行有效的雨水排涝，另一方面增加孩子的日常室外运动量，如图 12 所示。

今后的学校应该更加尊重学生热爱自然的天性，让他们用科学的方式来

图 12　北京乐成国际幼儿园和上海青浦幼儿园的花园

资料来源：作者拍摄。

说明人与大自然的联系。通过系统的手段，实现学生有效地收集、整理和编写自然信息，形成有效的社会生活逻辑思维。

四　结语

中国拥有世界上规模最大、面向新时期社会发展和变革需求的教育体系，中国教育改革正在承担着新使命、新任务。步入新时代，以信息化、数字化、智能化等技术应用为基础，针对学生个体的全面发展需求，推出人才培养更高效的未来学校形态变革，已成为破解瓶颈的重要途径。随着未来学校研究和实践的不断深入，各维度下的空间规划设计建设正在如火如荼地进行，其中学校实体空间是连接传统学校向未来学校变革的最重要的物质实体基础，实体空间的规划设计水平在很大程度上决定和制约了学校变革的潜在可能性，是未来人才培养的重要物理空间。

站在百年未有之大变局的历史交汇点上，未来世界的竞合格局直接决定了未来中国人才培养的版图，从而决定了未来人才培养的教育内容、方式、方法，同时也对未来学校实体空间的规划、设计、建设提出了更高的要求，并由此也将引发一系列重要的变革趋势。这是时代赋予我们的命题。

参考文献

[1] 田爱丽：《面向未来设计学校空间与环境》[N]，《中国教育报》2019 年 4 月 27 日，第 003 版。

[2] 张禹、曹培杰、吕丹：《海淀区未来学校建设的实践路径研究》[J]，《中小学信息技术教育》2019 年第 1 期，第 33~35 页。

[3] 曹培杰：《未来学校变革：国际经验与案例研究》[J]，《电化教育研究》2018 年第 39（11）期，第 114~119 页。

[4] 董灏、甘力：《从全人教育到全面设计——北大附中朝阳未来学校及海淀本校改造项目的再思考》[J]，《建筑学报》2018 年第 6 期，第 62~63 页。

[5] 朱永海：《未来学校顶层设计与结构体系研究》[J]，《教育理论与实践》2021 年第 41（34）期，第 25~30 页。

[6] 崔璐：《未来学校的概念、特征与实践》[J]，《教学与管理》2019 年第 7 期，第 16~19 页。

[7] 张治、李永智：《迈进学校 3.0 时代——未来学校进化的趋势及动力探析》[J]，《开放教育研究》2017 年第 23（4）期，第 40~49 页。

[8] 倪凯颜：《互联网思维下未来学校的五个特征》[J]，《江苏教育》2017 年第 90 期，第 13~15 页。

[9] [10] 于曜诚：《用地集约化背景下小学建筑设计研究——以西安中堡子小学设计为例》[D]，西安：西安建筑科技大学，2019。

Concept and Method of Future School Space Design

Li Jing, Gong Jian, Zhu Yonghai, Zhang Xiang

Abstract The space design of the future school includes six concepts, including whole-process planning, micro-environment creation, informal learning space, academic living area, interdisciplinary integration, and natural education. The author accordingly propose six design approaches to accommodate future learning models.

Keywords Future School; Learning Space; Architectural Design

[责任编辑：李云文]

把握新时代，建构新教育

——首都师范大学未来实验学校建设

张洪松

【摘要】首都师范大学未来实验学校（以下简称“首师未来实验学校”）是北京市投建、北京市教委与房山区共同管理、首都师范大学直办的旨在实现优质特色、引领未来的示范学校。学校系统的规划设计，为不断发展奠定了良好基础。本文对首师未来实验学校建设的缘起、指导思想、办学理念、优势资源、目标体系、课程体系、实施策略等方面进行了阐释。

【关键词】未来学校　未来实验学校　全息教育

【作者简介】张洪松，首都师范大学未来实验学校法人、执行校长，首都师范大学实验学校教育集团教学副校长（北京 100102）。

一　首师未来实验学校建设的缘起

首师未来实验学校由原房山区交道中学于 2021 年改建而成，学校地处北京市房山区窦店镇交道二街三区 66 号，目前占地 86 亩，现有教学班 43 个，教职工 152 人，高级教师 35 人，一级教师 66 人，二级教师 48 人，职员 1 人，工人 2 人。改建之前，教师队伍在工作中缺少生气，一些教师传统教育观念和应试教育观念依然没有转变，对学生在学习成长中的主动性调动不够；一些教师在教学中对课标和考试研究把握不够准确和深入，教学方法单一，教学组织和设计缺少灵活性；一些教师不注意学生的健康成长与全面发展，只重学习成绩，不重身体健康；一些教师在自身专业发展上动力不足，能力水平不高；一些学科仍然存在教非所学问题，一些学科质量偏低；教师队伍年龄结构不合理，青年教师少。

原学校干部队伍在引领学校发展和教育管理工作中还存在思想上不能紧跟时代发展形势，对习近平新时代中国特色社会主义思想的理解和运用不够深刻和准确，在教育发展新理念的理解上不到位等问题。在管理能力上凭经验干工作和上派下达多，自身创新精神不足，自主性、创造性地开展工作少，缺少活力。

原学校于2010年完成办学条件达标改造，伴随办学条件标准的升级调整，很多设施已经落后，并且校舍及教学设备在2016年后进入维护保养、更新换代年份。2018年以来，学校多处校舍出现墙砖脱落、地板起鼓、线路老化和外墙保温层成片脱落等现象，学校住宿生宿舍不足，教师无宿舍，食堂餐位不足，学校安防监控有待更新、教室多媒体超期服役。

为了解决以上问题，区级主管部门和首都师范大学协商，提出构建首都师范大学未来实验学校，并于2021年8月正式更名，9月1日开学。首师未来实验学校是由北京市投建，北京市教委与房山区人民政府共同管理，首都师范大学直办，预开创引领未来教育的实践范式的学校，是为落实首都四个中心建设，满足首都发展的战略需要，首都教育的需要，房山人民的需要，学校发展的需要，教师发展的需要和学生发展的需要而建设的一所旨在实现优质特色、引领未来的示范学校。学校将承载首都师范大学未来教育研究成果的实践转化，开创中国特色未来学校实践范式，服务区域和北京市教育改革发展，成为高质量教育体系的未来教育范例。

二　首师未来实验学校指导思想和办学理念

（一）指导思想

以习近平新时代中国特色社会主义思想为指引，落实党的教育方针："教育必须为社会主义现代化建设服务、为人民服务，必须与生产劳动和社会实践相结合，培养德智体美劳全面发展的社会主义建设者和接班人"。

构建高质量教育新格局，服务首都“四个中心”建设，在首都师范大学、首师实验教育集团和首都师大附属中小学的支持下，把握高质量发展新机，开创未来教育新局，全面贯彻党的教育方针，坚持立德树人，坚持中国特色社会主义教育发展道路，坚持社会主义办学方向，立足基本国情，遵循教育规律，坚持改革创新，依法治校，服务首都，服务房山，夯实教育，努力成为中国基础教育未来学校引领者，区域百姓满意的未来优质学校。

以马克思主义教育哲学为指导，贯彻习近平总书记关于教育的重要论述，遵循未来教育价值，构建首师未来实验学校文化。以学校文化为引领，建设人本、智慧、科学的未来管理文化；学习（智慧工作）、合作（快乐工作）、发展（幸福工作）的未来教师文化；自主、思维、探索的未来学生文化；理解、责任、精英的未来家长文化；全息、生本、建构的未来课堂文化；温暖、文雅、未来的未来校园文化；共识、自律、创新的未来制度文化。

（二）办学理念

倡导“未来教育理念”，[1]聚焦“人、人的素养、素养的发展”，倡导“未来教育：全息育人，撬动一生”，确立“每一堂课撬动学生一生，每一学段面向学生一生”的教育思想。学校以“面向未来，赋能未来”为使命，以“未来教育、全息育人”为特色，以“优质特色、引领未来的示范学校”为办学目标，培养“未来素养、全球视野、家国情怀、全面发展的时代新人”。

1. 以全息教学为引领，构建首师未来实验学校教学体系

全息课程与教学是借鉴和迁移物理学和生物学全息理论构建的课程与教学理论。全息课堂教学把每一节课作为整个学科课程和学校课程的全息单元。根据全息理论，每一个全息单元都包含整体或母体系统的全部信息。全息课堂教学旨在使每一节课都能体现学校的办学理念和育人目标的全部信息，能够体现所在学科的核心素养和整体学科逻辑，从而能够通过每一节课撬动学科思维、学科情感和认知发展思维，撬动学生终生发展思维，实现全面持续的育人目标。全息是指整体上的任何一部分或母体系统中的任何一个子系统，都包含整体或母体系统的全部信息。全息理论提出了三个原理：全息结构原理、全息发展（发育）原理和全息重演原理。全息结构原理是：整体与单元的全息关系。全息发展（发育）原理是：单元与整体的发展（发育）关系。[2]全息重演原理是：个体（单元）发育（发展）重演整体的系统发育。

全息课堂结构原理的逻辑是：全息课堂教学策略认为，课堂教学是学科课程认知和学科核心素养发展的基本单元，是课程发展的全息元，是学科核心素养发展的全息元，也是人的核心素养发展的全息元。

全息课堂发展原理的逻辑是：全息课堂教学策略认为，课堂教学就是对人的素养和学科素养的发展。全息课堂教学要基于学科课程、学科核心素养、人的核心素养整体系统，将其微缩至课堂教学单元系统中，使每一节课成为撬动学科认知、学科体系、学科素养、学科智慧、学科情感、人的核心素养的全息元，从而实现课堂效能的最大化。

全息课堂重演原理的逻辑是：全息课堂教学策略认为，课堂教学在一定程度上重演了人类认知过程，因此，课堂教学应遵循人类的知识建构与认知过程。

学校以创新思维为目标，探究全息课堂，推动未来教学改革。坚持创新思维，有利于提升中国的综合实力和国际竞争力。一个民族和国家的精神面貌取决于是否善于谋划创新和勇于实践创新。培养担当民族复兴大任的时代新人，就要培养学生的创新力。培养创新力要构建立体的学习空间、跨界的学习课程、超越时空的学习共同体。学校将以培养创新思维为目标，着眼未来教学改革方向，通过打造全息课堂，实践全息教学，引领老师的教学思维和学生的学习思维向立体化、多元化发展，把握“思维为本、知识为体、迁移为法、实践为基、素养为核、智慧为重、整体建构、全息发展”的教学策略，不断培养老师和学生的核心素养，鼓励和推进创新思维的形成，在教育教学实践中提升老师和学生的创新思维能力。

2. 以激发活力为导向，构建未来实验学校评价体系

学校评价对课程实施、教学实践和学生发展既有导向作用也有促进作用，评价的副产品是甄别与选拔。评价改革就是改变评价目的，改变评价内容，改变评价方式，发挥其导向与促进功能，适度抑制其甄别功能，让评价符合课程改革精神和学校核心价值观念的要求，成为引导和促进课程实施、教学实践及学生发展的有效措施。学校采用终结性评价和过程性评价相结合的评价方式，包括学生学业评价、综合素质评价、教师教学评价、课程评价等。

3. 以创新变革为追求，构建未来实验学校科研文化

学校教育科研工作针对教育实践中存在的问题，开展研究、发现规律、把握解决问题的路径和方法，以达到优化教育实践、提高育人实效的目的。教育科研是学校发展的助推器，通过教育科研的手段，能够使教育改革稳步深入，更好地提高教育的效度。引导全体教师参与研究、主持研究各级规划课题和各级立项课题，以科研促进专业发展，以示范促进骨干提升，以结对（结组）促进辐射引领。通过课题引领推动教师专业发展和提高教学研究力度，夯实基础，发展特色，不断提高课堂教学水平。落实人人有课题，人人能（善长）研究。

4. 以立德树人为核心，构建小初高一体化育人体系

学校坚持以立德树人为核心，培养德智体美劳全面发展的社会主义建设者和接班人，结合自身办学优势，构建小初高一体化德育贯通体系。依据《中共中央国务院关于进一步加强和改进未成年人思想道德建设的若干意见》、《中小学德育工作指南》和市教委下发的《北京市中小学养成教育三年行动计划》文件指引，德育工作将抓住“文明礼仪”育德重点，传承中华文明礼仪，聚焦文明素养，培养文明学子，建设文明班集体，争创文明校园。发挥十二年一贯培养优势，制订符合未来人才发展需求的培养计划，架构未来育德体系，实现未来学校的育人目标。

5. 以劳动实践为途径，创造未来世界，理解生命教育意义

党的十八大以来，习近平总书记对劳动和劳动教育作出许多重要论述。2018 年全国教育大会上，习近平总书记要求把劳动教育纳入培养社会主义建设者和接班人的总体要求之中，明确提出构建德智体美劳全面培养的教育体系。依照国务院发布的《关于全面加强新时代大中小学劳动教育的意见》，学校依托劳动教育课程一体化建设，通过以劳树德、以劳增智、以劳强体、以劳育美、以劳创新五个方面，培养劳动观念，学习劳动技能，塑造劳动品质。利用家、校、社，三级联动开展多时段、多方位、多领域的劳动实践教育，使学生从做中学，知行统一，学以致用，提高劳动的技术含量，培养创造性劳动能力，端正生活态度和价值观，提高社会公德，增强社会责任感，更好地适应未来社会发展需要。

6. 以扩大对外开放为导向，开设国际学部，推动国际教育实践

学校提供与首都师范大学联合培养的高中国际学部专修选择。国际学部学生可以在与国内升学学生融合学习基础上，选择单独专修课程服务。首师大国际文化学院支持学校建设与世界主要名校对接的基础教育和高等教育先修课程。构建中国特色国际课程体系、国际教育人才培养体系。

（三）教育愿景

“教育要面向现代化，面向世界，面向未来”，新时代，新教育，教育未来，未来已来。首师未来实验学校贯彻落实国家发展新理念，落实高质量发展新要求，瞄准教育强国新目标，以面向未来的教育范式变革为内容，努力建成立德树人的标杆学校、素质教育的标杆学校、创新教育的标杆学校、校园文化的标杆学校、教师发展的标杆学校、科研引领的标杆学校。

三　首师未来实验学校建设的优势

2021 年 5 月 14 日，房山区与首都师范大学合作办学在区政府正式签约，共建首师未来实验学校。首都师范大学为首师未来实验学校提供 6+1 的支持策略，确保学校高质量发展，即：一校一首席，由首都师范大学党委副书记杨志成作为学校首席，引领学校理念体系、实践体系建设；一校一团队，组建包含大学专家、中小学特级教师等在内的专家团队，定向服务学校发展需求；一校一特色，凝练打造学校独有的教育特色与优势；一校一策略，顶层规划学校的发展策略和成长路径；一年一主题，每年确定一个阶段性的发展主题；一年一论坛每年举办一次具有影响力的学术论坛；一附中集团发展，与首师实验教育集团统一管理、统一教研、统一培养、统一培训、统一课程和统一评价等。

首都师范大学是北京基础教育领域优秀的大学，党中央和北京市等各级领导高度重视学校的发展，2009 年，习近平同志来校调研时曾评价首都师范大学“是一所很好的学校”，“是一个很有分量的学校，特别是在北京基础教育方面，功不可没，培养了大量人才。”目前，首都师范大学已经是具有鲜明教师教育特色的全国“双一流”建设高校。与首都师范大学深度融合的首师未来实验学校，得到了诸多的高校教育资源。

1. 首都师范大学附属中小学资源

目前，首都师范大学在北京打造了以首都师范大学附属中学教育集团、首师实验教育集团和首都师范大学附属小学发展共同体等为代表的优质教育联盟，附属学校数量达到了 34 所。

2. 卓越管理专家——引领首师未来实验学校高质量发展

首都师范大学各个学院的首席专家常驻首师未来实验学校，为首师未来实验学校提供顶层设计、系统规划，助力首师未来实验学校发展。

3. 杰出大学名师——助力首师未来实验学校科学发展

首都师范大学对首师未来实验学校的学科指导团队包括：中国科学院、中国工程院院士 7 人，俄罗斯工程院院士 1 人，俄罗斯自然科学院院士 1 人，国家教育部学科教学指导委员会委员 11 人，国家杰出青年基金资助者 12 人，国家级百千万人才 13 人，“北京学者计划”6 人，首都科技领军人才培养工程 2 人，等等。

4. 国家级学科建设——保障首师未来实验学校学科卓越

由国家重点学科、国家重点培育学科——数学、文学（语文）、生物、历史、物理等学科专家对首师未来实验学校的学科建设提供专业发展保障。大学全学科知名教授深入学校，成立工作室引领教师专业发展。

5. 专业培训体系——成就首师未来实验学校师资卓著

首都师范大学和首师大附属中小学共同发挥优质教育资源优势，构建教师培训平台、体系，为校长培训、教师培训和学生培训提供最先进的教育理念、最前沿的课程体系以及最符合教育规律的课堂教学等。

6. 大学国际教育——贯通首师未来实验学校联合培养

贯通北京市属高校中唯一一个教育部授予的来华留学示范基地和教育部中国政府奖学金本科来华留学生预科教育基地等国际化资源，通过联合培养，为学生的国际教育和人才成才提高优质服务。

四　首师未来实验学校学生发展目标体系构建

（一）学生发展目标体系构建的原则

核心素养提出的本质是教育哲学的本体性回归，[3] 由现代教育知识本位的教育哲学观，回归到基于人（儿童）本位的教育本体论。在学校层面，要建立与核心素养对应的校本化核心素养目标、课程体系，变革课堂教学方法，提升教师核心素养。首师未来实验学校学生发展目标体系即核心素养的校本化。

"全面成长，个性发展"这一总目标的确立，体现了以下原则：

学生发展总目标是"全面成长，个性发展"，总目标要通过各个子目标体系来实现，子目标体系构建主要基于以下四个原则，即"二尊重、二落实"的原则：尊重学生发展规律；尊重个体实际情况；落实我国教育根本任务；落实发展学生核心素养。

（二）目标体系的具体内涵

根据学生的全面成长、个性发展构建了水样 DNA 目标体系。通过该体系可以看出，目标间的关系不是割裂的，而是可以相互转化的，是一个此长彼长的动态过程，同时也是一个双螺旋发展的过程，与我们的生命基因同步螺旋上升，紧扣生命节奏。

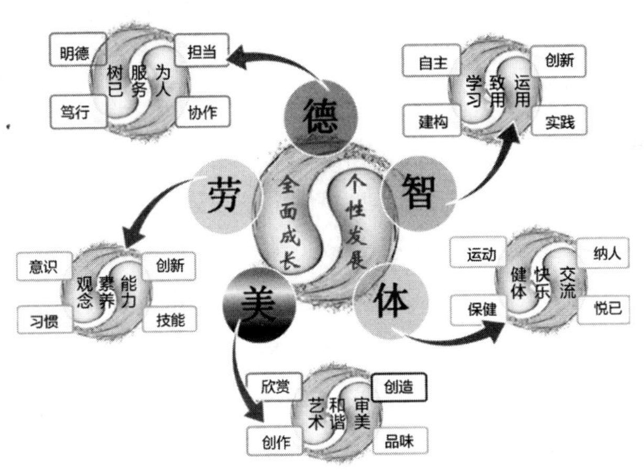

图 1　学生发展目标体系

"服务他人"强调"育德"，在知行合一、责任义务上实现个人价值和社会价值的统一，培育明德、笃行、协作、担当的核心素养；"学以致用"强调的是"育智"，促进学生与生活的联系，锻炼学生学以致用的自主、建构、实践、创新能力素养；“快乐生活”强调的是“育体”，注重学生身心健康，实现运动、保健、悦己、纳人，获得愉悦生长；“和谐发展”强调的是“育美”，在德、智、体中融入美，在美育中升华，在欣赏、创作、品味和创造中体现学校的美育特色；“劳动创新”强调的是“育劳”，准确把握新时代劳动教育的育人导向，在创新创造性劳动中体验智能生活的乐趣，达到“以劳树德、以劳增智、以劳健体、以劳溢美”的素养。

五　首师未来实验学校课程体系构建

为达到以上学生发展目标，我们构建了基础通修课、兴趣选修课、专业精修课、自主研修课、国际专修课五类课程。

（一）基础通修课程

基础通修课程，即国家、地方课程的校本化实施，一方面研究适合学校学生学习基础的教学顺序；另一方面研究如何对国家、地方课程进行深度整合。此外，基础通修课程还包括综合实践课程、德育课程。[4]

（二）兴趣选修课程

兴趣选修课程主要是满足那些感兴趣但又不具备前期基础的学生的要求，确保学生在自己感兴趣的领域也能得到一定的发展，丰富学生业余爱好。基于以上课程目标，在兴趣类选修课的设计上把情感、态度、价值观目标放在首位，突出趣味性、通俗性、融通性，力保课程对学生的吸引力，使学生在轻松而愉悦的氛围下获得兴趣的发展，提高学生的相关素养。兴趣选修课程包括兴趣选修课及社团活动两方面。

（三）专业精修课程

专业精修课程主要是满足那些在某一领域或学科学有余力且对该领域或学科素养有更高要求的学生的需求，把该领域或学科的必修及选修课程和其他有价值内容进行整合，结合通修课程中该领域或学科学习的内容与进度实施教学，使其在该领域或学科上有机会对今后学习发展有较大价值的更广泛的内容进行学习，为学生将来在该领域或学科中的发展提供更强的学力和研究能力。

（四）自主研修课程

自主研修课程的目的是将更多的时间还给学生，使学生能独立自主地学习，培养学生终身学习能力。学生通过自主研修，能够以自主学习为基点，养成主动学习的好习惯，激发学习的自觉性，张扬个性，实现由“要我学”到“我要学”的转变。

（五）国际专修课程

国际专修课程的目的是针对具有面向世界各国高校升学愿望的学生提供的单独专属个性化课程服务。学生在普修中国国家标准课程的基础上，可以单独选择针对未来国际升学需要，专修国际课程，为未来申请世界其他国家高校奠定基础。

六　首师未来实验学校建设方案实施策略

设计是基础，实施是关键。为达到既定的学校建设目标和内容，未来实验学校制定了相应的推进建设方案和实施策略，其主要反映在教师专业发展、教育教学改革和组织管理方面。

（一）推进“双培养计划”，提升教师专业能力

推进“双培养计划”横纵双线提升教师专业能力，即“青年教师启航计划”、“骨干教师领航计划”、“拔尖人才（青年、骨干）培养计划”和“名师工作室”等针对师资培养的项目，依据教师不同年龄结构、专业发展水平与业务能力差异和学科发展等不同层面进行分层分类培养，达到对青年教师普及培训，对校、区、市级骨干教师重点培养，对拔尖教师（拔尖人才）突出引领。

1. 重培养：平台助力成长，任务促进发展。

2. “走出去”：首师未来实验学校、首师附属合作共同体和名校长。工作室成员校同课异构、听评议课、专（主）题交流。

3. 请进来：特级教师、名师、大学教授、首师未来实验学校跟岗教师交流、结对指导；各校长、骨干班备听评课、交流、报告等。

4. 做展示："一师一优课"不同批次、不同层面开展示范课、展示课、研究课。达到人人能示范。

5. 融科研：以科研促专业发展，以示范促骨干提升，以结对（结组）促辐射引领。通过课题引领推动教师专业发展和提高教学研究力度，夯实基础，发展特色，不断提高课堂教学水平。落实人人有课题，人人能（善长）研究。

（二）倡导学科改革，促进学生全面发展和个性成长

深化教学工作主题基于学校课程深化"全息课堂教学"的校本研究，通过"双建设"工作（即"建设学科名师工作室、建设学科教研组"作为双主体）和"双引领"（教研组长、工作室主持人作为双引领）创新学科建设，提升学科和教研组的科研、考研、教研以及备课和课堂落实等环节能力；助力教师转变教学行为，改进教学方式，提升专业素养。把课堂还给学生，构建自主的课堂；把握核心知识，构建建构的课堂；注重与生活的联系，构建实效的课堂；最终实现一流学科建设，促进学生全面发展，个性成长。

1. 打造首师未来实验学校特色学科——英语学科

通过英语特色课程项目、听说课程项目、阅读工程项目、外语戏剧课程项目等打造英语学科一流质量，注重外语的听说读写与交流，突出学生的国际视野与促进国际理解素养提升。学校服务与支持：听说专时课，专业资源引入，专家、特级教师引领等。

2. 突出首师未来实验学校优势学科——语文学科

通过阅读工程项目、校本课程文学社与校本戏剧等进一步突出语文学科的学科素养培养，发挥语文组骨干队伍优势与辐射作用，巩固语文学科的质量优势。学校服务与支持：阅读专时课、专家引领、专家培训（师生）等。

3. 推进首师未来实验学校核心竞争力学科——数学学科

通过学科教研项目、特级教师工作坊等推进数学学科师资队伍专业化，从而培养学生的核心素养，促进学生核心竞争力提升。学校服务与支持：特级教师工作坊、专家引领等。

4. 发展首师未来实验学校综合素养学科——理化生史地道法

通过引入特级教师进入学校挂牌建立工作坊等，细化理化生实验教学规划，提升学生实验探究、动手操作等能力。促进史地道学科发展，提升学生综合素养。学校服务与支持：特级教师工作坊、专家引领等。

5. 建设首师未来实验学校体艺科品牌学科——树特色品牌

特色项目彰显学校素质教育特色。学校服务与支持：资源投入、专家引领等。

七　结论

首师未来实验学校建设已一年多，在首都师范大学及首师实验教育集团的支持下，在既有发展规划的顶层设计、科学规划下，稳步推进，取得了显著的办学效果。学校师生在未来教育理念方面已经思想入轨，正在走向未来教育的行动入轨。师生精神面貌、文明礼仪、工作与学习状态、课堂教学研究、教育教学质量、后勤保障水平有了明显的变化、提升。今后将继续本着研究中改进、改进过程中研究的思路，在未来教育理念的引领下，潜下心来，有条不紊，逐年提升。持续追求高品位、高质量、高素质，让每个孩子实现全面而有个性的发展、自主发展和可持续发展，实现教师的专业提升和可持续发展，实现学校的未来示范发展。

参考文献

[1] 杨志成：《百年未有之大变局下世界教育变革与中国教育机遇》［J］，《教育研究》2021 年第 42（3）期，第 4~11 页。

[2] 杨志成：《核心素养背景下全息课堂教学原理与策略研究》［J］，《北京教育学院学报》2017 年第 31（2）期，第 1~7 页。

[3] 杨志成：《核心素养的本质追问与实践探析》［J］，《教育研究》2017 年第 38（7）期，第 1420 页。

[4] 王春凯：《“四修”课程体系的构建与实施》［J］，《北京教育（普教版）》2017 年第 7 期，第 13~14 页。

Grasping the new era, Constructing a New Education

——*Construction of the Future Experimental School at Capital Normal University*

Zhang Hongsong

Abstract The Future Experimental School of Capital Normal University (Shou Shi Future Experimental School) is a model school aimed at achieving quality characteristics and leading the future, built by Beijing Investment, jointly managed by the Beijing Municipal Education Commission and Fangshan District People's Government, and directly run by Capital Normal University. The systematic planning and design of the school has laid a good foundation for continuous development. This paper explains the origins, guiding ideology, philosophy, strengths and resources, target system, curriculum system and implementation strategies for the construction of the Shou Shi Future Experimental School.

Keywords Future Education; Future Experimental School; Holographic Education

[责任编辑：李云文]

《未来教育学刊》集刊征稿通知

《未来教育学刊》集刊，是由教育部学校规划建设发展中心与首都师范大学共同支持的儿童与未来教育创新研究院，于2020年研究院成立之初着手创办的。经过2021年筹备，于2022年12月出版创刊号，并在“第三届首都未来教育论坛”中首次发布。

《未来教育学刊》集刊以发表未来学校、未来教育的有关理论、实践及其相结合的成果为主，聚焦未来教育发展趋势，注重未来教育理论研究，注重未来教育实践落地，打造未来教育智库。集刊常设有10个基本栏目（见附件1），并根据本研究领域的发展对栏目进行优化和动态调整。

征集对象：广大高校、教科研单位、中小学一线管理人员及教师等。

征集主题：围绕10个栏目，或者结合未来学校和未来教育研究与实践探索撰写。

字数要求：理论性文章字数在8000字左右；实践性或案例性文章字数不低于4000字。

稿酬说明：依据首都师范大学规定相关标准和具体情况，给予丰厚稿酬。

稿件激励：优秀稿件将被选为每年度“首都未来教育论坛”发言嘉宾；或被推荐到教育部学校规划建设发展中心《教育规划与战略研究报告》刊发。

投稿邮箱：稿件投稿及未尽事宜敬请联系 wljy@ cnu. edu. cn。

儿童与未来教育创新研究院

2021年12月

附件 1　《未来教育学刊》集刊常设栏目

栏目 1　未来教育哲学

从哲学、教育哲学、儿童哲学、信息哲学、技术哲学、现象学等不同视角，对未来教育进行哲学层面探讨。

栏目 2　未来区域教育规划

把握区域教育需求与问题，聚焦未来教育发展趋势，开展未来区域教育研究与规划探索性研究，促进未来区域教育整体建设，提升区域教育发展及落实国家政策法规能力。

栏目 3　未来教育理论研究

从社会学、教育学、管理学、组织行为学等不同视角对未来教育进行理论探索与创新。

栏目 4　未来儿童素养发展

面向未来人才培养，从生命成长与健康、儿童心理、个体行为、社会文化、技术与社会互动等视角，聚焦未来社会环境变迁、场景升级下儿童社会文化行为特征和学习方式变迁等学生主体的理论与实践研究。

栏目 5　未来教师专业发展

从未来教师专业发展、能力素养、未来教师规范与标准，以及未来教师人机协同中教师角色定位等进行理论研究与实践探索。

栏目 6　未来教育课程教学

面对未来社会挑战的课程体系设计、课程形态、课程内容，教学方式、课堂创新等深度变革，聚焦未来教育背景下课程理论创新与实践探索。

栏目 7　未来教育测量评价

关注未来教育背景下教学测量、评价、诊断与改进等方法，探索未来学习成效评价改革。

栏目 8　未来教育信息技术

基于科技发展和技术革新，聚焦新技术与教育教学的融合、教育技术学的理论和实践创新。

栏目 9　未来学校建设

关注未来学校文化建设、办学理念、治校理念、时空环境设计与重构、组织变革与制度创新，尤其是在实践案例等方面的理论与实践研究。

栏目 10　未来教育治理与教育现代化

聚焦教育治理体系和治理能力现代化研究，探索新技术、新理论与教育治理现代化整合的理论框架和实践经验。落实国家政策，探讨面向 2035 年的中国教育现代化发展愿景。

图书在版编目（CIP）数据

未来教育学刊. 第一辑 / 刘慧主编. --北京：社会科学文献出版社，2022. 12

ISBN 978-7-5228-1357-8

Ⅰ. ①未… Ⅱ. ①刘… Ⅲ. ①教育研究 Ⅳ. ①G40-03

中国版本图书馆 CIP 数据核字（2022）第 256481 号

未来教育学刊（第一辑）

主　　编 / 刘　慧
副 主 编 / 朱永海　张　智

出 版 人 / 王利民
组稿编辑 / 任文武
责任编辑 / 王玉山　连凌云
责任印制 / 王京美

出　　版 / 社会科学文献出版社 · 城市和绿色发展分社（010）59367143
　　　　地址：北京市北三环中路甲 29 号院华龙大厦　邮编：100029
　　　　网址：www. ssap. com. cn
发　　行 / 社会科学文献出版社（010）59367028
印　　装 / 三河市东方印刷有限公司

规　　格 / 开　本：787mm × 1092mm　1/16
　　　　印　张：12. 75　字　数：210 千字
版　　次 / 2022 年 12 月第 1 版　2022 年 12 月第 1 次印刷
书　　号 / ISBN 978-7-5228-1357-8
定　　价 / 78. 00 元

读者服务电话：4008918866